進德修業

格物致知

华南师范大学附属中学校训

　　华南师范大学附属中学前身始于清光绪十四年（1888年）的广州格致书院，至今已有130年历史。1952年，岭南大学附中、中山大学附中、广东文理学院附中、华南联大附中四校合并，定名为"华南师范学院附属中学"；1982年，随华南师范大学更名为"华南师范大学附属中学"。历代华附人秉承"进德修业，格物致知"的校训，遵循"以完整的现代教育塑造高素质的现代人"的办学宗旨，坚持"培养为民族复兴而努力学习的时代新人"的育人理念，形成"敢为人先，追求一流，崇尚卓越"的华附精神，不断引领中国基础教育改革新方向。

华南师范大学附属中学校本课程丛书

平面设计

何博雯 ◎ 编

编委会名单

丛书主编：姚训琪
编委会成员（排名不分先后）：
　　吴　青　　肖朝云　　陈慧华　　黄华林　　李之宁
　　林佩珠　　林　勇　　连洪泉　　黎　斌　　盖英俊
　　杨　媛　　罗碎海　　周建锋　　林　琪　　申西芬
　　冯　丹　　何博雯

广东高等教育出版社
Guangdong Higher Education Press
·广州·

图书在版编目（CIP）数据

平面设计/何博雯编. —广州：广东高等教育出版社，2018.12

（华南师范大学附属中学校本课程丛书）

ISBN 978-7-5361-6334-8

Ⅰ. ①平… Ⅱ. ①何… Ⅲ. ①平面设计-高中-教材 Ⅳ. ①G634.955.1

中国版本图书馆CIP数据核字（2018）第266557号

责任编辑：吴晓谷　朱　奇　　责任校对：谢　慧　　装帧设计：何博雯

本教材所选用的部分摄影、美术作品，未能一一列出作者或版权持有人，特致歉意。

出版发行	广东高等教育出版社
	地址：广州市天河区林和西横路
	邮政编码：510500　电话：（020）87554152　38493773
	http://www.gdgjs.com.cn
印　刷	佛山市浩文彩色印刷有限公司
开　本	787毫米×1 092毫米　1/16
印　张	7.25
字　数	170千
版　次	2018年12月第1版
印　次	2018年12月第1次印刷
定　价	32.00元

总序

习近平总书记在2018年全国教育大会上指出，"培养什么人、怎样培养人、为谁培养人"是教育的根本问题。我校在开齐开足国家规定的必修课程的同时，开设"多元开放、结构系统"的校本课程，就是要回答"怎样培养人"的问题。随着新一轮课程改革的推进，我校确立了"国家必修课程优化和整合化，校本选修课程精品化和融合化"的实施策略，通过课程育人，激发学生学习兴趣，丰富学生学识，使学生不断接触学科发展前沿知识，掌握学科思维与方法，培养学生的创新精神和实践能力，努力培养为民族复兴而努力学习的时代新人。我们用坚守与创造，对"培养什么人和为谁培养人"的教育根本问题给出了自己的答案。

《国家中长期教育改革和发展规划纲要（2010—2020年）》指出，高中阶段教育是学生个性形成、自主发展的关键时期，对提高国民素质和培养创新人才具有特殊意义；创造条件开设丰富多彩的选修课，为学生提供更多选择，促进学生全面而有个性的发展。自20世纪90年代以来，我校坚持"以完整的现代教育塑造高素质的现代人"的办学宗旨，以"培养为民族复兴而努力学习的时代新人"为育人目标，不断引领中国基础教育改革的新方向。为更好地落实立德树人的根本任务，推动学校育人模式的转变，满足学生个性化、多样化的学习和发展需求，我校结合各学科特点，从拓展课程和创新课程两个维度构建了多元开放、结构系统的学科课程体系，包括自然科学类、人文科学类、体育艺术类、社会实践类、学生发展指导类和国际教育类6大模块近100门校本课程，扩大了学生学习的自主权，引导学生自主选择、自主学习、自主发展。

在校本课程的实施过程中，我校采取选修课程、活动课程与学生社团三位一体的实施策略。不少选修课程逐渐与校园活动的开展、学生社团的发展融合，互相促进，和合共生。学生基于爱好与兴趣参加学生社团，在参加校园活动或外出比赛交流活动中，不仅凸显自己的特长，也为今后的学习生涯做了很好的规划。

同时，我校不断探索以项目式教学为载体的跨学科融合校本课程实践。跨学科融合既是培养学生跨学科学习能力的基础，也是产生创新性成果的重要途径。采取项目式教学的校本课程，着重培养学生将知识融会贯通，进行跨学科整合的能力，以及独立思考能力和创造力。

在多年校本课程开发与实施的过程中，经过不断的反思、总结与优化，很多课程都开发了富有学科特色、符合学生需求、形式多样的配套课程资源，如课件讲义、参考资料库和校本教材等。这些课程资源的整合与开发，充分地将各学科特色与学生的需求结合起来，从学科教学的实际情况出发，不断地对教学所需要的内容进行整合与优化，为校本课程的高质量实施提供了重要基础。

为了更好地满足教师的教学需要和学生的学习需求，发挥学生的主体作用，在校本课程开发与实施的基础上，我校组织各学科教师认真研究、总结与反思，精心编写了这套丛书。

华南师范大学附属中学
校长、党委书记 姚训琪
2018年11月18日

- 第一章 平面构成 1
- 第二章 平面构成的基本形和骨骼 18
- 第三章 构成美感的形式法则 21
- 第四章 造型构成的方法与效果 41
- 第五章 特殊材料与技法的开发 55
- 第六章 色彩构成 59
- 第七章 创意图形的联想与想象训练 73
- 第八章 基础图案设计 85
- 第九章 装饰色彩的表现技法 97

第一章 平面构成

构成的含义

将造型要素按照一定的原则组成具有美好形象和色彩的形体,这种造型行为叫作构成。

构成的分类

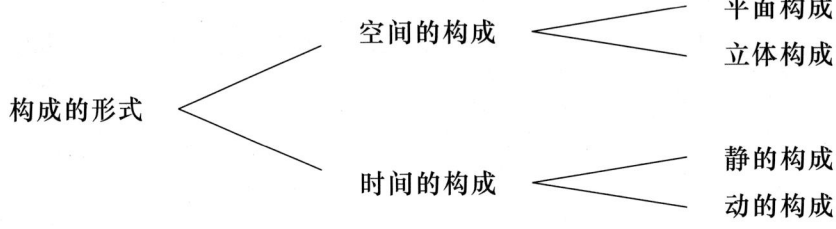

平面构成与立体构成

类别	平面构成	立体构成
空间特点	其本质形态为二维平面的幻象,通过二次元形式来表现基本造型元素	其本质形态为三维空间的实体,通过三次元形式来表现基本造型元素
造型特点	造型作品的表达基本趋于视觉化	造型作品的表达视觉化与触觉化并存
观察角度	只能由一个固定视点进行观察	可从不同视点、不同角度全方位观察

平面构成的概念

平面构成，就是将既有的形态，包括具象形态和抽象形态，在二维的平面内依照美的形式法则和一定的秩序进行分解、组合，从而创造出全新的形态及理想的组合方式、组合秩序。

平面构成的特点

平面构成不表现具体的物象，但它反映了自然界运动变化的规律性。它有以下两个基本特点：

（1）平面构成以知觉为基础，把自然界中存在的复杂过程用最简单的点、线、面进行分解、组合、变化，反映出客观现实所具有的运动规律。

（2）平面构成是一种理性活动，是自觉而有意识的再创造过程。平面构成运用数学逻辑、视觉反应、视觉效果对形象进行重新设计并突出它的运动，以表现出具有超越时空的图形效果。

埃舍尔作品

平面构成的分类

任何形态都可以依据构成原理进行构成。平面构成主要可以分为自然形态的构成和抽象形态的构成两大类。

平面构成的要素

在平面构成中，一切可见物的外形、特征，或是构成中借以表达一定含义的视觉元素通称为形象。形象包括点的形象、线的形象和面的形象三种。采用点、线、面的构成时，它们有不同的视觉效果及感觉，相互间并没有具体的区分标准，只赖于与其周围的造型要素相比较。点、线、面的构成，是一种抽象的表现，也是一种抽象艺术。

构成的要素——点

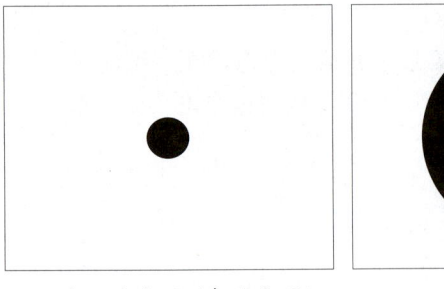  

上面这些图形都是点吗?

点的概念

点在几何学上只有位置而没有面积。在平面构成中,点的概念是相对的,它在对比中存在。点不仅有位置和面积大小,还具有形态方向。

这是作为构成要素的视觉元素所决定的,否则就无法进行视觉表现了。从造型设计上说,点是一切形态的基础,是具有空间位置的视觉单位。

点的线化

把点做有计划的构成时,可产生线的效果。

同样,不画点也能表现点的效果。我们把这种不画点,却能表现出点的效果的图形,称为消极点。

点的动向

点是力的中心。点在画面的空间中具有张力作用。它在人们的心理上有一种扩张感。

如果只有一个点存在的时候,它是静止的。二个或以上点的存在时,在视觉上便产生了动的感觉;若把大、小点排列组合在一起,又会产生不同的视觉动向。

点的面化

点的集合状态可以改变原来的性质。也就是说在一个画面上,我们以点的集合作为其构成的要素比以个别点作为构成要素的效果要强烈。

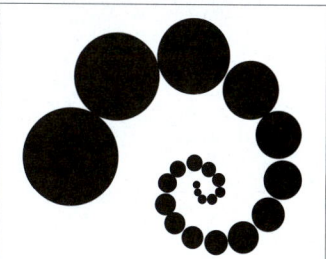

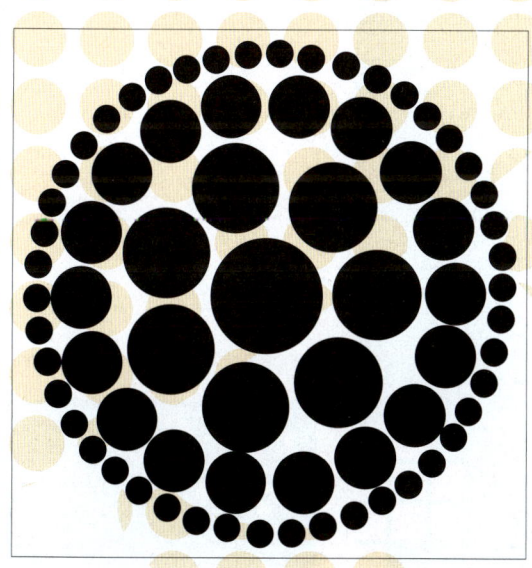

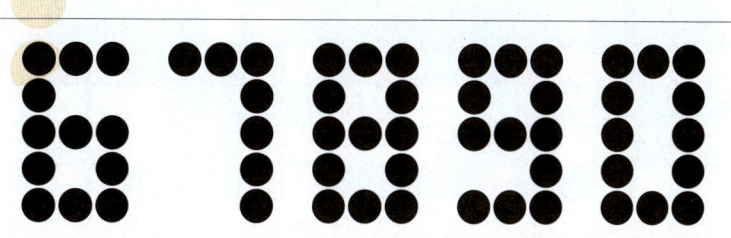

构成的要素——线

线的概念

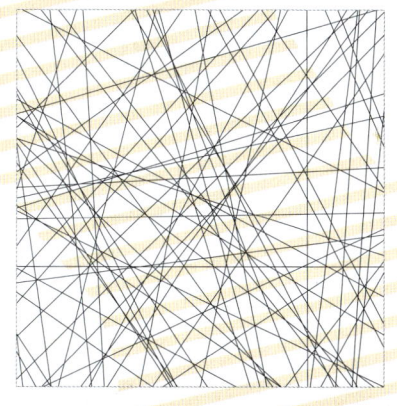

几何线是看不见的东西,它是点移动的轨迹。几何学中的线没有粗细之分,没有"量",只有长度与方向。从造型含义上说,线具有位置、长度和一定的宽度。

线分为直线和曲线两种形态。当点的移动方向一定时,其轨迹就成为直线;当点的移动方向常变换时,其轨迹就成为曲线。

线的作用

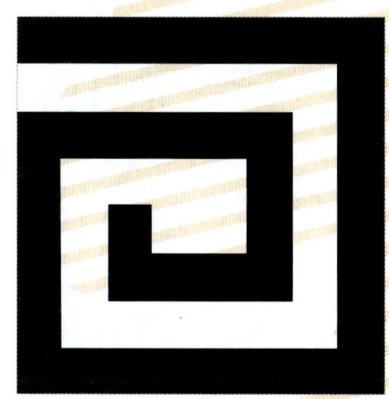

自古以来,人们为了表现形而不断使用线。而且,这种表现常常把事物或具体形加以抽象化。

线是物体抽象化表现的有力手段。我们如果离开具体的形来对线加以研究的话,就可发现,线本身具有卓越的造型力。

线的性格

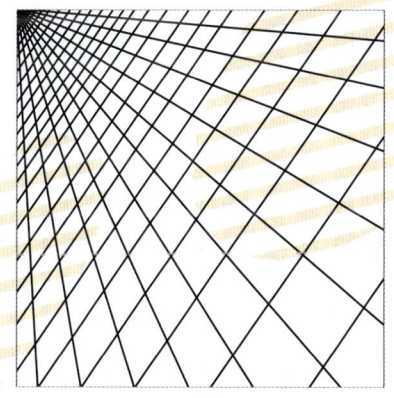

在造型艺术中,线比点具有更强的感情性格特点。它的重要性格主要表现在长度上,而长度是被点的移动量和移动速度所支配的。速度的大小,决定线的流畅程度和表现力的强弱。而线一般来说具有以下性格特点:直线表现静;曲线表现动;曲折线则有不安定的感觉。

线的要素

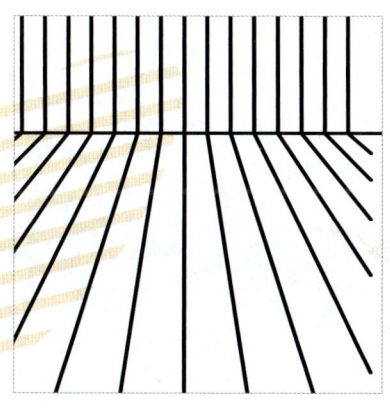

线的粗细。
线的浓淡。
线与线的间隔。
线的方向性。
消极线。
线的点化与点的线化。
线的面化。

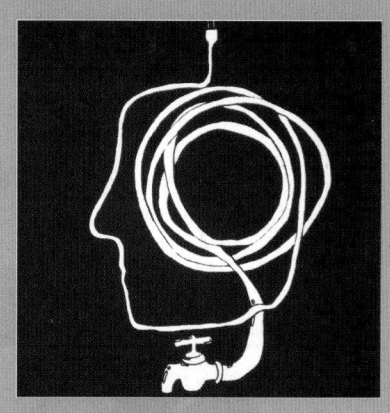

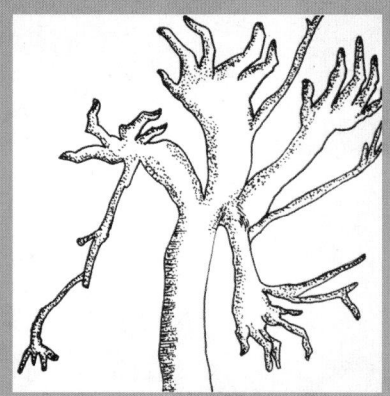

构成的要素——面

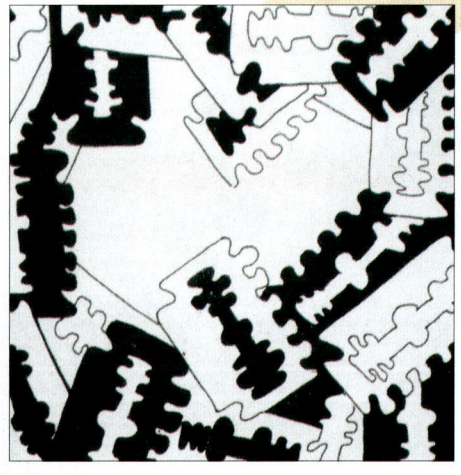

面的概念

面是线移动的轨迹。垂直线平行移动形成方形，直线回转移动形成圆形，斜线平行移动形成平行四边形。从另一个角度看，点扩大后会变成面，线的宽度增大了也会变成面；点的集合状态可形成面，而线的集合状态也可形成面。面有长、宽二维空间，无厚度感，但有方向位置。在造型中所形成的各式各样的形态，是设计中的重要元素。

面的分类

面可分为几何形面和非几何形面（又可称为有规则面和不规则面），由直线或几何曲线组成的面为几何形面。一般说来，几何形面有单纯、简洁、明快的感觉。而非几何形面有淳朴、情感丰富的性格，不像几何形面那样带有机械似的冷漠感。具体有以下几种几何形：

（1）直线形：具有直线所表现的心理特征。它能呈现出一种安全感，给人以简洁、安定的感觉。

（2）曲线形：它比直线形柔软，有秩序感。特别是圆形，它能表现出几何曲线的特征，但因为它过于完美，所以容易显得呆板。椭圆形既有变化，和圆形比较又更具有美感，因此能给人以自由、整齐的感觉。

（3）自由曲线形：线条流畅，变化较多，它组成的图形能体现设计个性。它能给人自由、柔软的感觉。

（4）偶然形：它不是有意识地创造出来的，而是偶然产生的形象，如撕裂等手法形成的形。它具有一种朴素、实在、自然的美，这种美除了体现在外轮廓上，更体现在形象表现的肌理上，个性非常强烈。

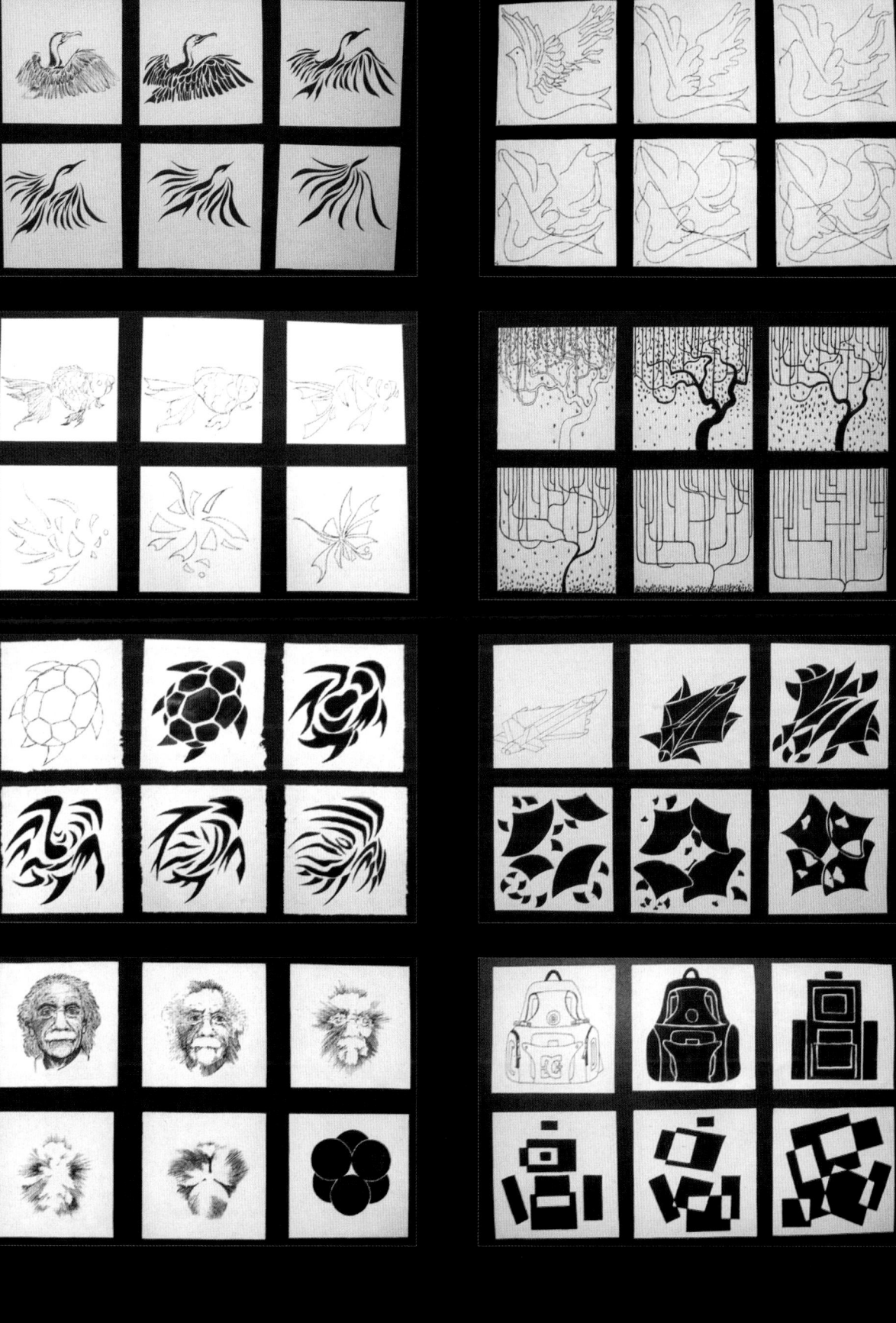

平面构成的基本形和骨骼

第二章

基本形

基本形是指构成图形的基本元素单位。一个点、一条线、一块面都可以称为基本形。基本形的设计应简练一些，避免由于构成形式本身的丰富多样而使画面过于复杂烦琐。

形象形态的组合关系

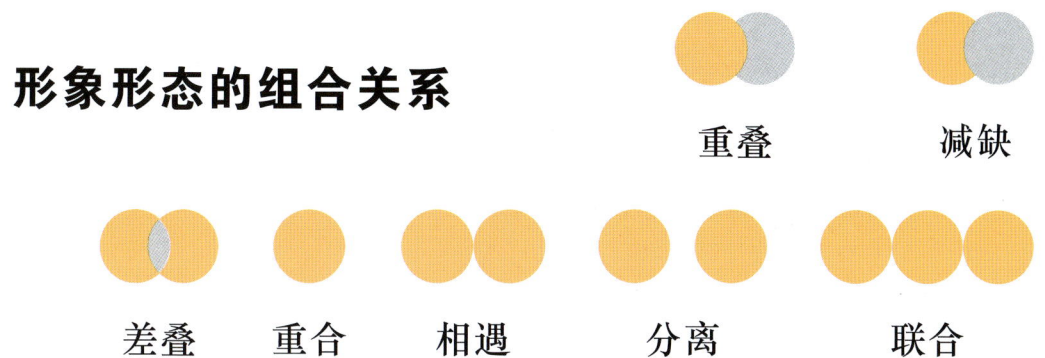

形象的群化

形象的群化是基本形重复构成的一种特殊形式，它不是像一般的重复构成那样四面连续发展，而是具有独立存在的意义。群化构成设计精练、有力、具有符号性强的特点，通常是用于标识、标志、符号的一种设计手段。

基本形

对称组合

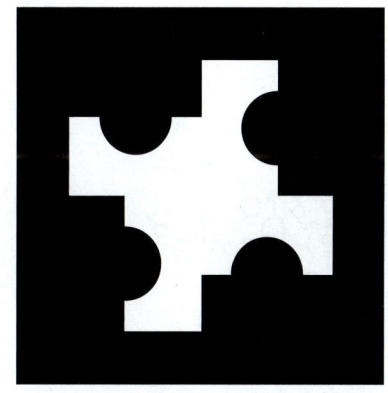

旋转放射组合

多方向自由组合

骨骼的概念

骨骼就是按照一定的规律将基本形组合起来的编排方式。骨骼用于丰富基本形的设计形象,管辖基本形的编排方式。它就像人身体里的骨骼一样,支撑着全身。它可以决定每个组成单位的距离和空间。因此,骨骼在构成中起着重要的作用。

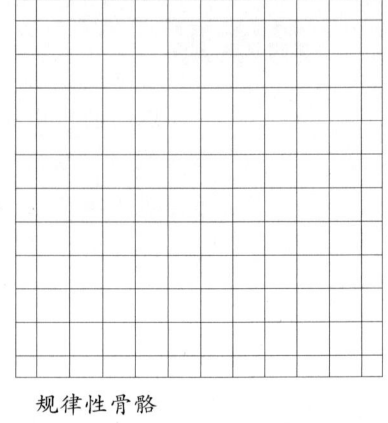

规律性骨骼

骨骼的分类

骨骼可分为有规律和无规律两大类。
(1) 有规律的骨骼:重复、渐变、发射、特异等,具有很强的规律性。
(2) 无规律的骨骼:没有规律性,可以自由变化,如韵律、节奏、对比、密集等。

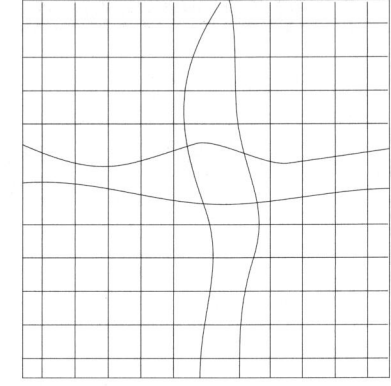

半规律性骨骼

规律性骨骼(重复)

规律性骨骼(渐变)

复合骨骼

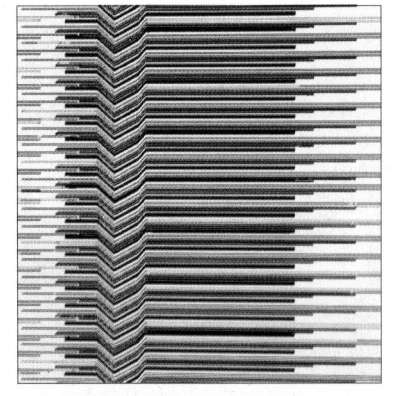

半规律性骨骼

无规律性骨骼(动势)

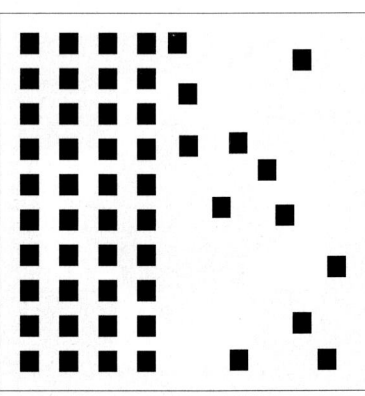

无规律性骨骼(对比)

第三章 构成美感的形式法则

律动

凡是规则或不规则的反复、交替，或周而复始的现象，均可产生律动。对于律动的形容，最深入的应该是音乐领域。律动、调子与和声共称为音乐的三属性。在其他艺术领域，如舞蹈、戏剧、电影、诗歌等，也都能表现出律动美。造型艺术的律动效果是非常丰富的，它会使画面产生运动的感觉，从而充满生机。一些零乱的元素通过艺术加工获得律动感时，会产生一种秩序的感觉。

在平面构成中，律动的表现形式有重复、近似、渐变和特异四种。这些形式在规则，不规则，或周而复始的构成法交互使用时，能发展成无穷变化的图形。如果构成的元素或构成的方法不同，也会产生不同的感觉。

重复

重复又称反复。它是指在同一个视觉空间中，相同的基本形两次或两次以上反复排列所构成的画面。重复是平面构成中最基本的构成手法之一。重复的形式是基本形的规律化反复，它能加强人们对基本形的印象，使画面产生安定感和秩序感。

重复的形式分为绝对重复和相对重复两种。

近似

　　近似是非规律性的变动,是重复的轻度变异。它没有重复的严格规律,但仍不失规律感。其骨骼是相似的,在形状、大小、色彩、肌理等方面拥有共同的特性,但又不完全一样,由此构成近似的形象。它可通过比较形与形之间的微弱变化来达到"看似一致"的视觉效果,使画面更富生动和谐感。

　　近似分为无骨骼的基本形近似、重复骨骼的基本形近似两大类。

渐变

渐变是骨骼或基本形在循序渐进的变化过程中呈现出阶段性秩序的构成形式，反映的是运动变化的规律。它往往以基本形或骨骼的逐步变化把图形推向高潮，完成造型的表现。

渐变的形式有很多，包括：方向渐变、位置渐变、大小渐变、色彩渐变、形象渐变等。

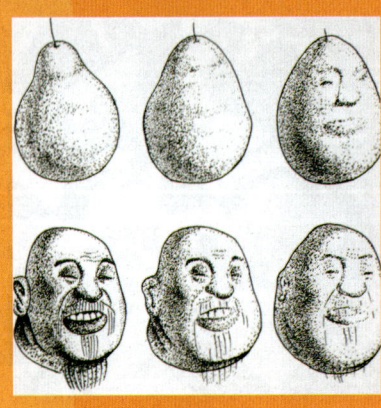
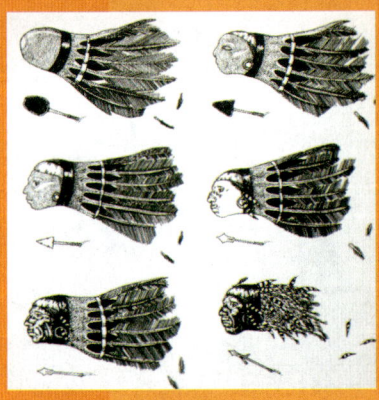
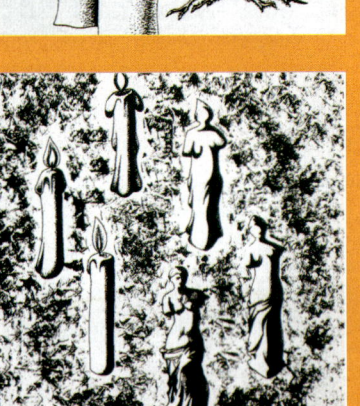

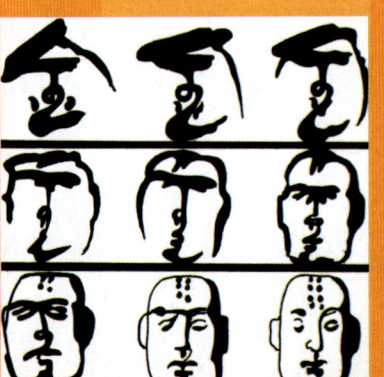

特异

特异是指在规律化的重复中刻意造就的突变,是对同类形象中异象的强调,以此来打破重复性的单调,并以强烈的对比形成视觉的焦点。特异是相对的,是在整体符合规律的情况下小部分与整体的不和,特异的程度可大可小。它表达的是"万绿丛中一点红"的意境。

特异的因素有形状、大小、位置、方向及色彩等,局部变化的比例不能过大,否则会影响整体与局部变化的对比效果;又不可比例太小,否则会被整体规律所淹没。

特异可分为位置特异、形状特异和色彩特异三种。

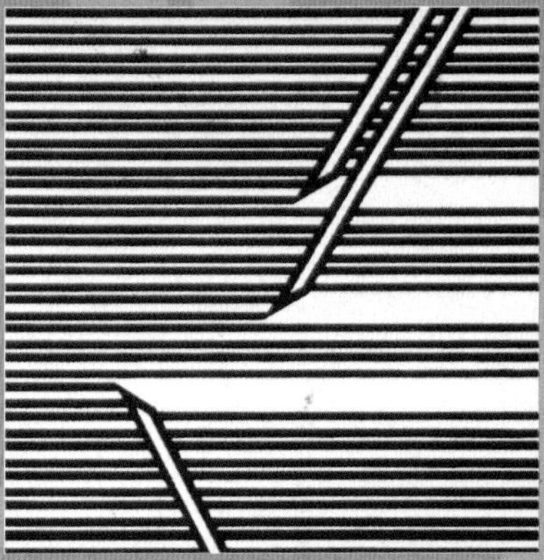

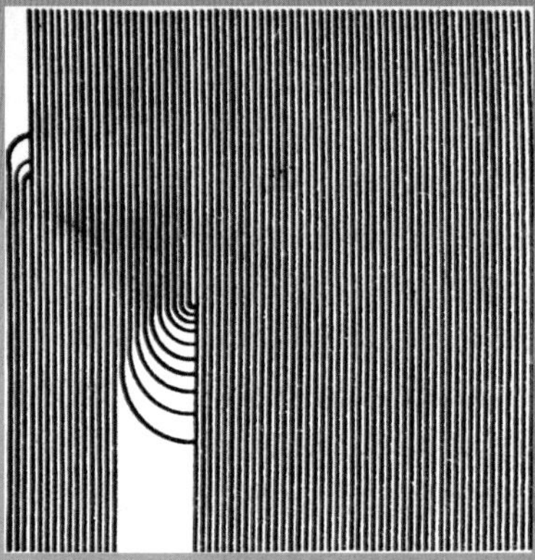

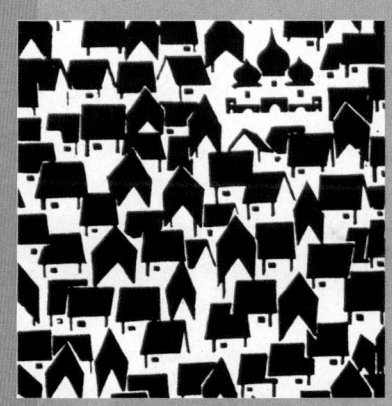

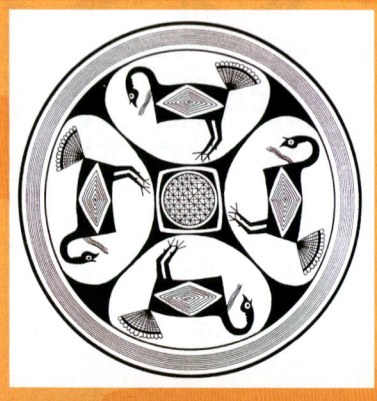

对称

  上下或左右相等的图形，称为对称。人的身体，便是一个对称的构成，对称的例子在自然界中不胜枚举。在艺术表现方面，对称形适用于表现明快统一的感觉，或井然有序，或明确坚实，乃至严肃神秘。

  在对称的许多种表现形式中，轴对称和中心对称是两种较为常见的表现形式。而轴与中心都是形的测量的方式。例如，以"轴"划分某图形，若左右或上下是完全相等的图形，则称之为"实质的对称"；如果左右或上下并不是完全相等的图形，但在视觉上能产生对称的感觉，可称为"感觉的对称"。

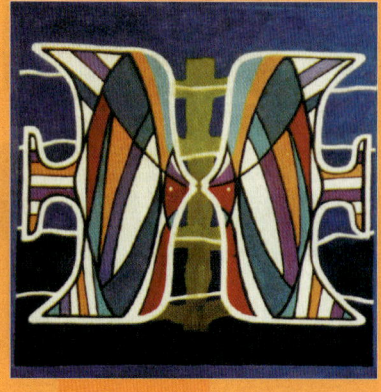

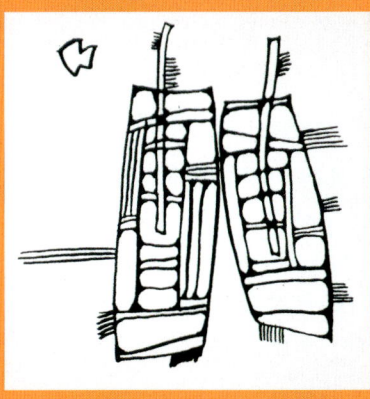

平衡

平衡是指画面中所处支点两侧的部分虽然在大小、明暗、繁简等方面不尽相同，但能够使视觉达到某种平衡。从总体上看，整体的视觉关系是左右平衡的。有时，画面的构成实际上没有达到平衡的要求，却也能让人们在心理上感到平衡，这种构成叫做非对称的平衡。

人们把天平和跷跷板看作是解释平衡现象最好的例子。它不是真正意义上的对称，但给人以心理上的"对称"。平衡比对称更富于变化，在保持平衡与视觉平衡中求得变化的同时，也具有活泼的因素。

对比

　　形象与形象之间、形象本身的各部分之间表现出显著的差异，就是对比。简单地说，就是把相对的两个要素进行比较，产生强者更强、弱者更弱的现象。强烈的对比会形成视觉的张力，给人以鲜明、强烈、清晰之感。对比可以引起不定感和动感、刺激感。

　　对比的形式有：形状对比、大小对比、方向对比、肌理对比、空间对比、重心对比、色彩对比和位置对比等。

调和

　　两种构成要素同时存在时，若其性格过于强烈或相差甚远，便会产生对比现象；如果能使两者达到一致，不互相冲突、排斥，便是处于调和状态。例如：黑白会产生对比，而介于黑白之间的灰便是一种调和，所以调和又可用中庸一词来解释它。

　　调和在平面构成中具有达成秩序化、统一化以及优美化的意思。调和通常又和构成法则中的比例、律动、平衡、统一等几种美的形式原理有着密切的关系。

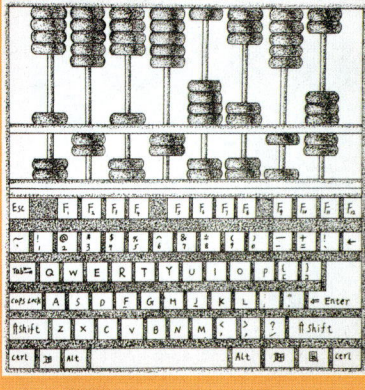

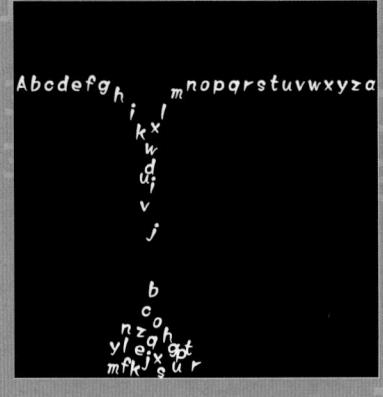 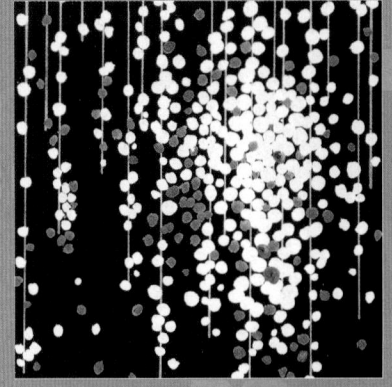

密集

数量众多的基本形在某些地方密集起来，而在其他地方稀疏、聚散、虚实之间常带有渐移的现象就是密集。密集的基本形是自由的排列，有疏有密，不规律地分布在画面上。密集是要靠"疏""散"的形式来体现的。密集的基本形要小，数量要多才有效果，如果基本形大小差别太大就成对比了。

密集可分为点的密集、线的密集和面的密集三种类型。

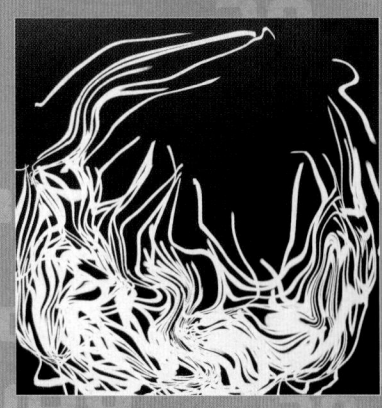  

发射

　　发射是重复的一种特殊表现,是重复的形或骨骼单位环绕一个中心或多个中心向外散开或向内集中所呈现的视觉形象。这种构成具有强烈的视觉效果,有时甚至可以产生动感,令人目眩。

　　发射的形式有:离心式、向心式、同心式、多心式等,在实际设计中,前者也可以组合起来,以取得丰富多变的视觉效果。

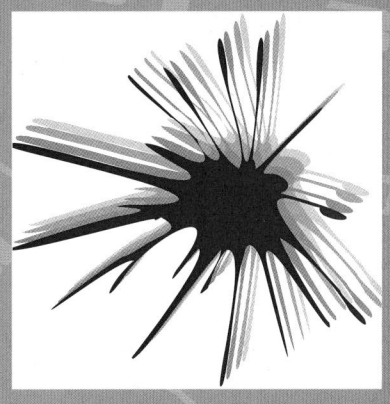

比例与分割

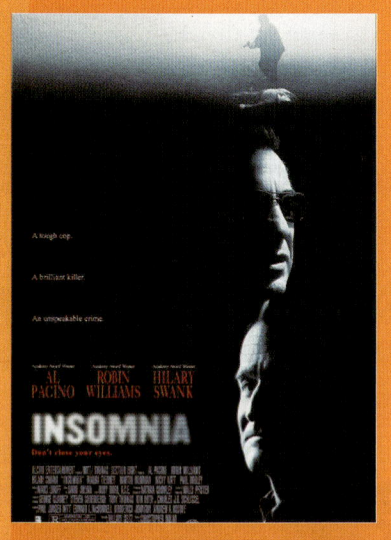

比例是通常存在于部分与部分，部分与整体之间的关系。利用比例完成的构图常常具有秩序明朗的特征，给人以明晰的感觉，而线条的粗细、面积分划的大小都会因为适当的比例关系形成美感。

按照一定的比例和秩序进行切割或划分的构成形式叫分割。分割是常用的构成方式，如室内空间设计、书籍、海报、网页、报纸、杂志等的平面版式设计中，都是根据分割原则来进行的。

分割的形式有：等形分割、等量分割、自由分割、比例与数列分割等。

统一

统一就是对构成要素进行划一性的组织并作为一个整体来看。统一具有高尚、权威的情感，也可以产生平衡及调和的美感。

实现统一的要素有很多，如颜色、形状、方向、明度、质感等，这些都具备了这方面的功能。然而，过分的统一也会产生单调无聊的后果。虽然希望要求变化以满足视觉上的享受，但也不能因为过度的变化而牺牲统一性。因此，统一的构成与适度的变化是分不开的。

在统一的构成里，分为"支配"和"从属"两种角色。当许多对立的要素一起存在时，容易产生互相竞争的现象，这时需要一个主调来组织它们，有了主调便有了统一，这个主调便是这个构成里的"支配"角色。除了这种以量为主调形成的支配方法外，对有趣味的东西、具有特殊韵味及修改的形体，或是色彩的运用也能达到支配的效果。例如：万绿丛中一点红，或黑暗中的一点白光，皆可支配整个画面的效果。这种"支配"与"从属"的灵活运用便是使统一得到变化的基本方法。

想一想,这些作品里都表现了哪些形式美法则?

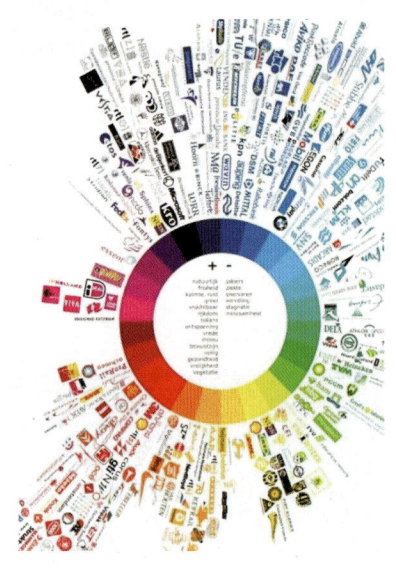

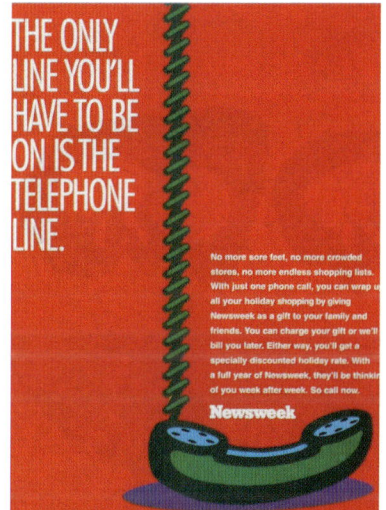

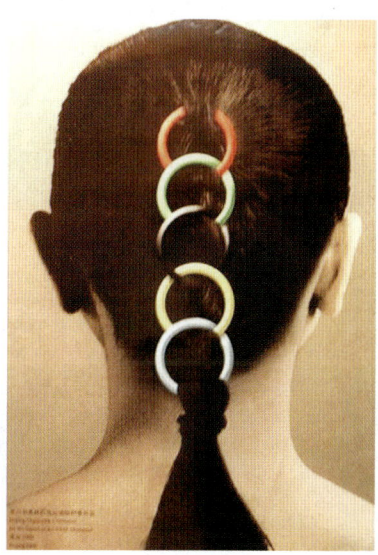
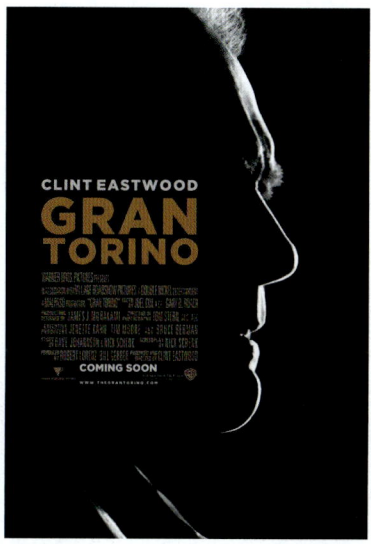

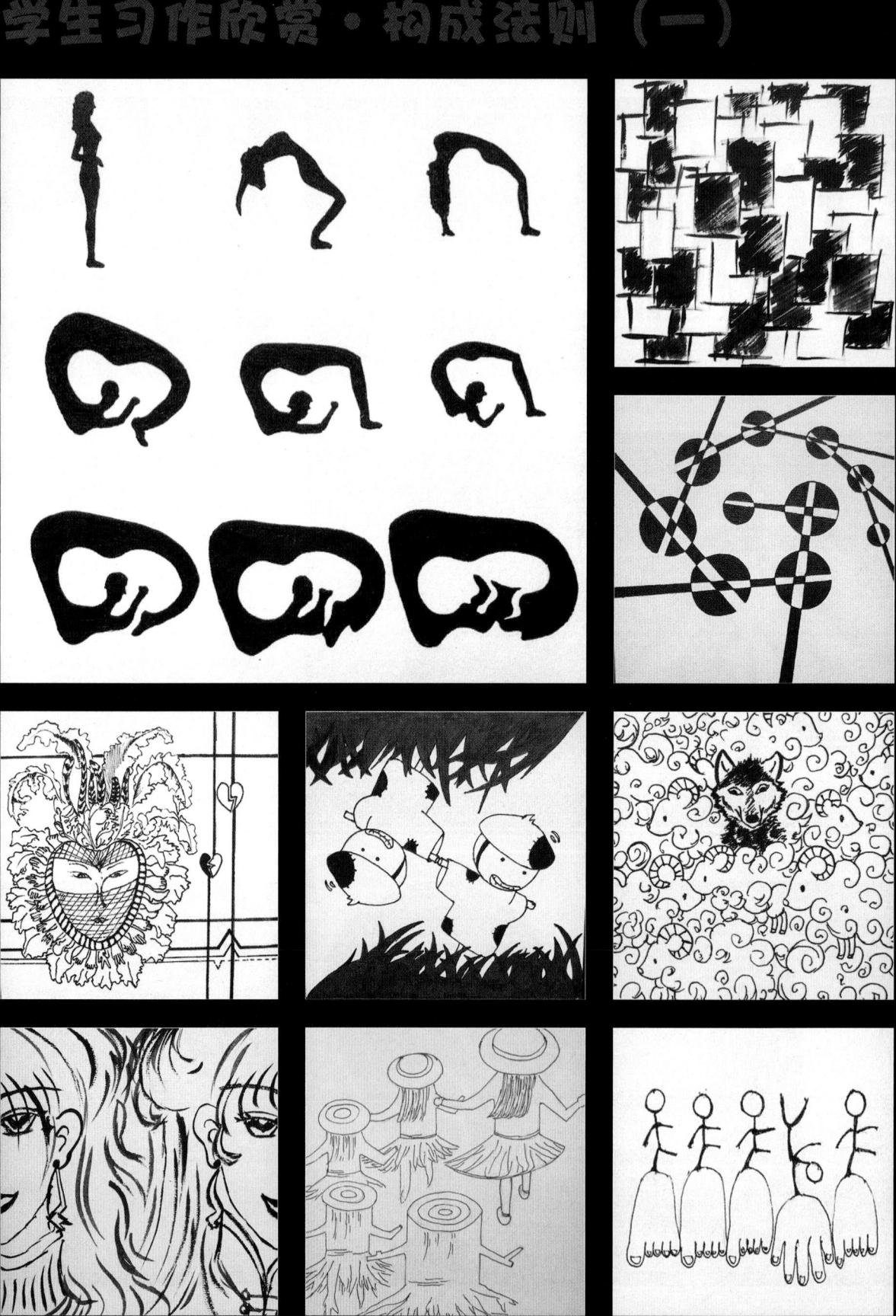

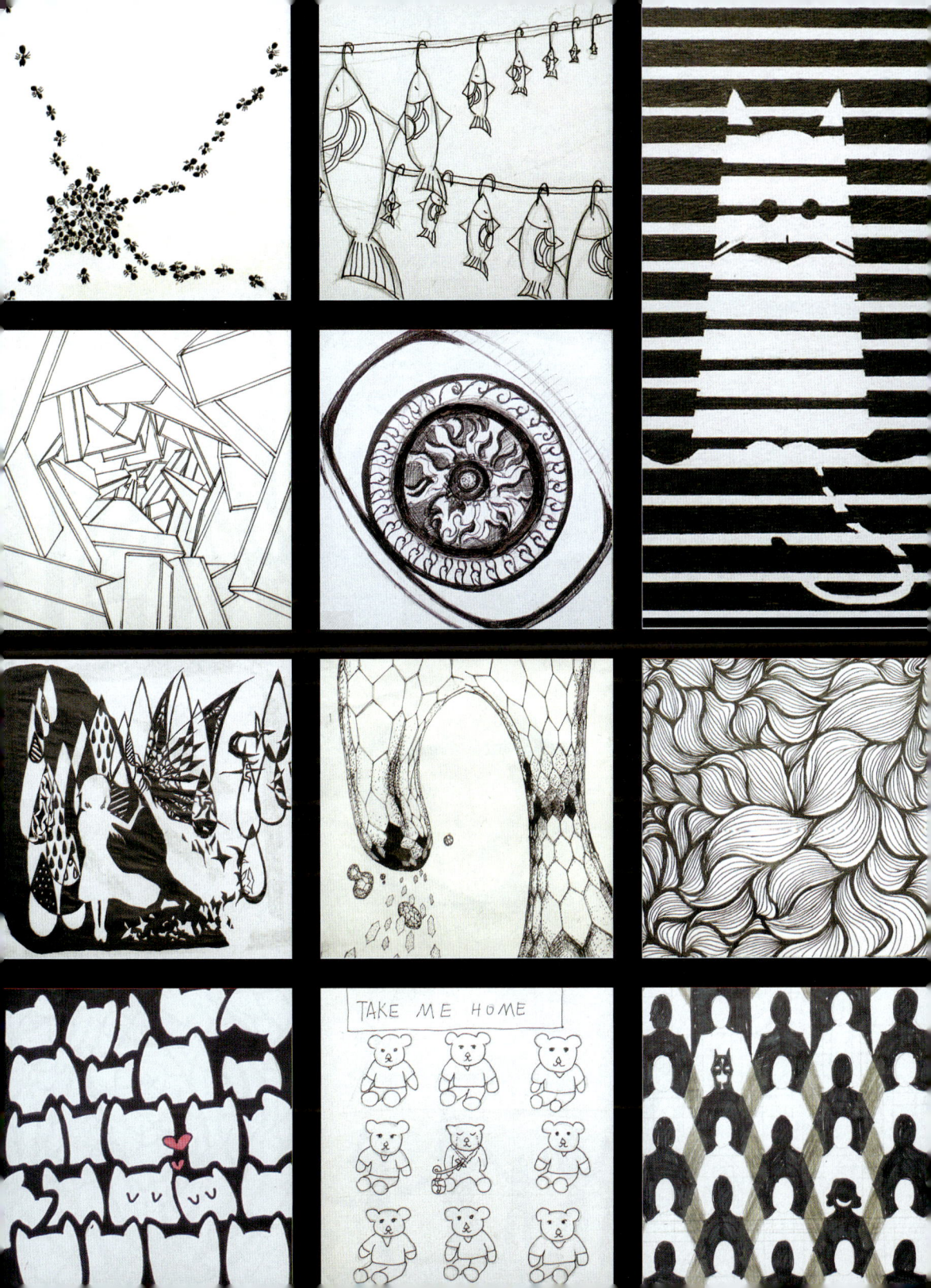

我的作品，耶

请把你的创作作品装裱在此处

第四章 造型构成的方法与效果

利用透视学中的视点、灭点、视平线等原理所求得的平面上的空间形态都可以产生空间感。平面构成中的空间，就人的视觉感觉而言，具有平面性、幻觉性、矛盾性等特点，它是一种假象或错觉，其本质还是平面的。

空间感

产生空间感的首要条件，是前后距离的关系，它和立体感具有某些共通的性质，因为立体的存在便是一种空间。因此，表现立体感的构图，往往也会产生空间感的效果，只是空间距离没有这么强烈。

立体感

立体感的效果，通常是利用了素描技法上的透视线做一种视觉上的假象而产生的。

透明感

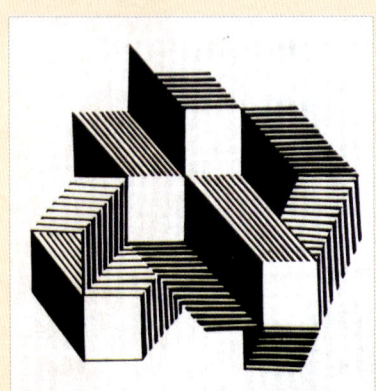

具有透明感的物体，容易让人联想到玻璃、塑胶片、轻纱等材料，这些透明性的材料，必须自身互相或和另一个物体相互重叠，才能相对地显示出其透明的本质。也就是说，透明感的产生，至少要出现"前"和"后"的关系。从某个角度上说，透明感是最微弱的一种"空间"的表现。

 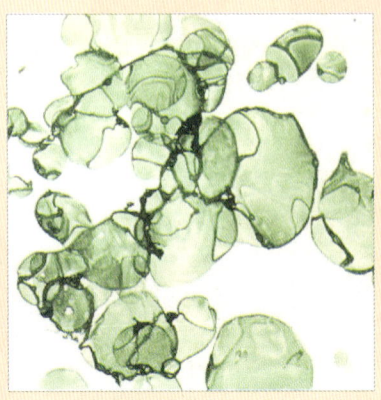 

运动感和速度感

把物体的运动现象记录在平面上，就能产生一种动态感。在前面我们提到的律动中，重复和渐变的方法里就能看到一种运动感。

表现运动感和速度感的方法有：
（1）破坏造成的动感。
（2）倾斜的动感。
（3）旋转的动感。
（4）曲线的动感。
（5）振动，模糊。
（6）集中与扩散。

方向

在平面构成中，方向的运用往往是造成画面千变万化，并且赋予画面不同的情感与效果的因素之一。方向的种类大致上可分为垂直、水平、倾斜三种。

一般来讲，垂直方向具有稳重、庄严、硬直、权威等性格；水平方向具有安定、和谐、寂静、和平等感情；倾斜方向比前两者更有刺激性，通常具有不安定感、不确定感等。

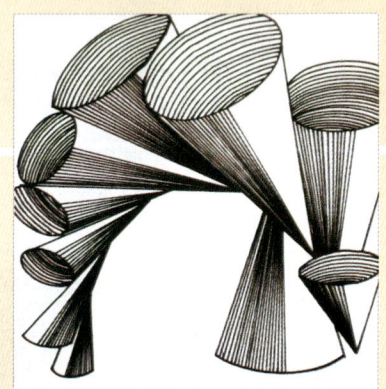

错视

错视，是指视觉上的错误现象。
错视表现的方法有：
（1）视觉残像。
（2）明暗比较。
（3）上下位置的错视。
（4）形态扭曲的错视。
（5）角度引起的错视。
（6）曲线引起的错视。
（7）分割引起的错视。
（8）对比引起的错视。
（9）透视引起的错视。

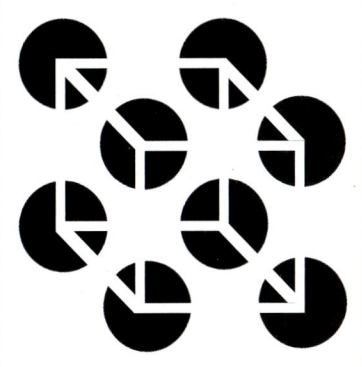

消极图形

　　消极图形的产生，并非事先由人们的意识形成，而是在做点、线、面的构成时，往往由于构成要素之间的间隔关系、方向关系，或其他表现手法，使得在实际存在的积极图形之外，同时产生另一消极图形，就如后面提到的反转视像一样，衬景也形成了另一种图形。不过，这种消极图形并不是根据观察视点的改变而消失的，而是一直都存在着，只是存在的程度不同。不论其存在程度如何，都造成了整体的构成效果，或补助积极图形，成为更有变化的整体造型的一部分。

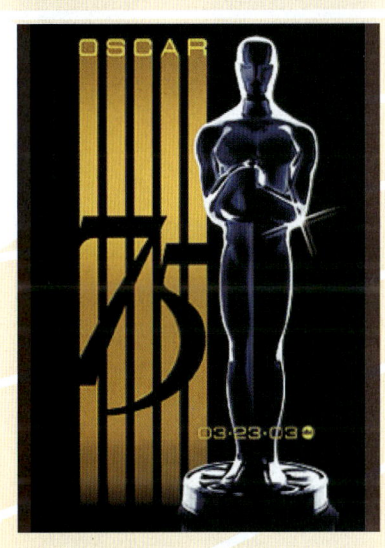

反转视像

在画面上,一般把画面中间的、主要的、具有强烈视觉印象的部分称为主体图形,而把作为陪衬的部分叫背景。因为形的位置、方向、大小以及构成方法不同,加上看图的方法不同,让人觉得主体偶尔消失,衬景向前或为主形,有时让人觉得图形与背景不分的反转现象就是反转视像,这种现象大大增加了画面上耐人寻味的特殊效果。

反转视像的画面,一般有以下两种类型:

(1)看图形还是背景,看整体还是局部。由于视点的不同,会出现不同意像的画面,即双重意像。这类图形在平面构成里又叫做图像互换或正负形。

(2)由于视角改变了位置,画面形态也随之改变,原来看不到的图像由于观察位置的改变而显现出来,即正倒立共存图。

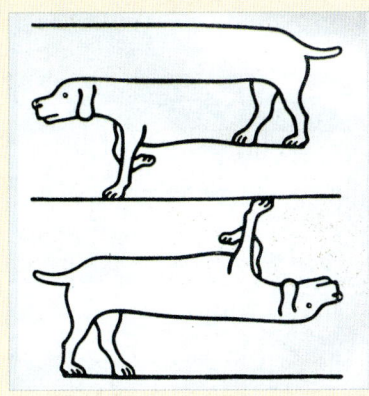

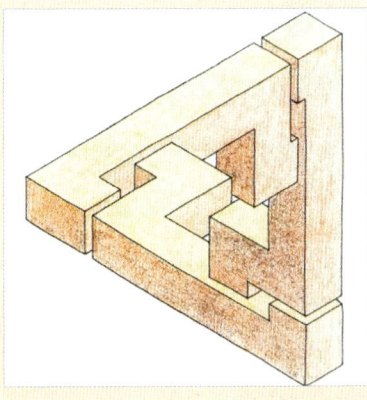

无理图形

　　由于视点的转移，在固定视点下形成的立体感图形此时便不存在了，形成了另一种立体效果。这种顾此失彼的反转现象，出现与消失交互的发生，在实际的立体形态下是不可能出现的图形，被称作无理图形。

　　无理图形的表现方法有以下四种：
（1）两种空间知觉的并存。
（2）边洛斯三角形的无理图形。
（3）形态交叉造成的无理图形。
（4）转向不同形态的无理图形。

说说这些图形的构成里都运用了哪些方法和效果?

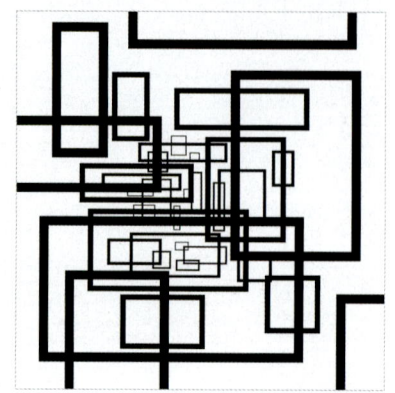
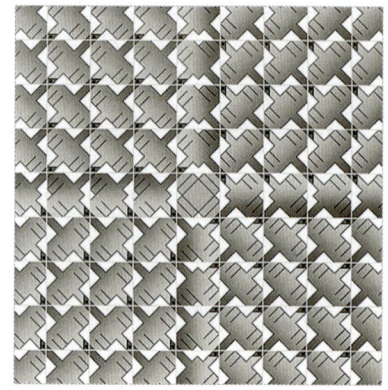

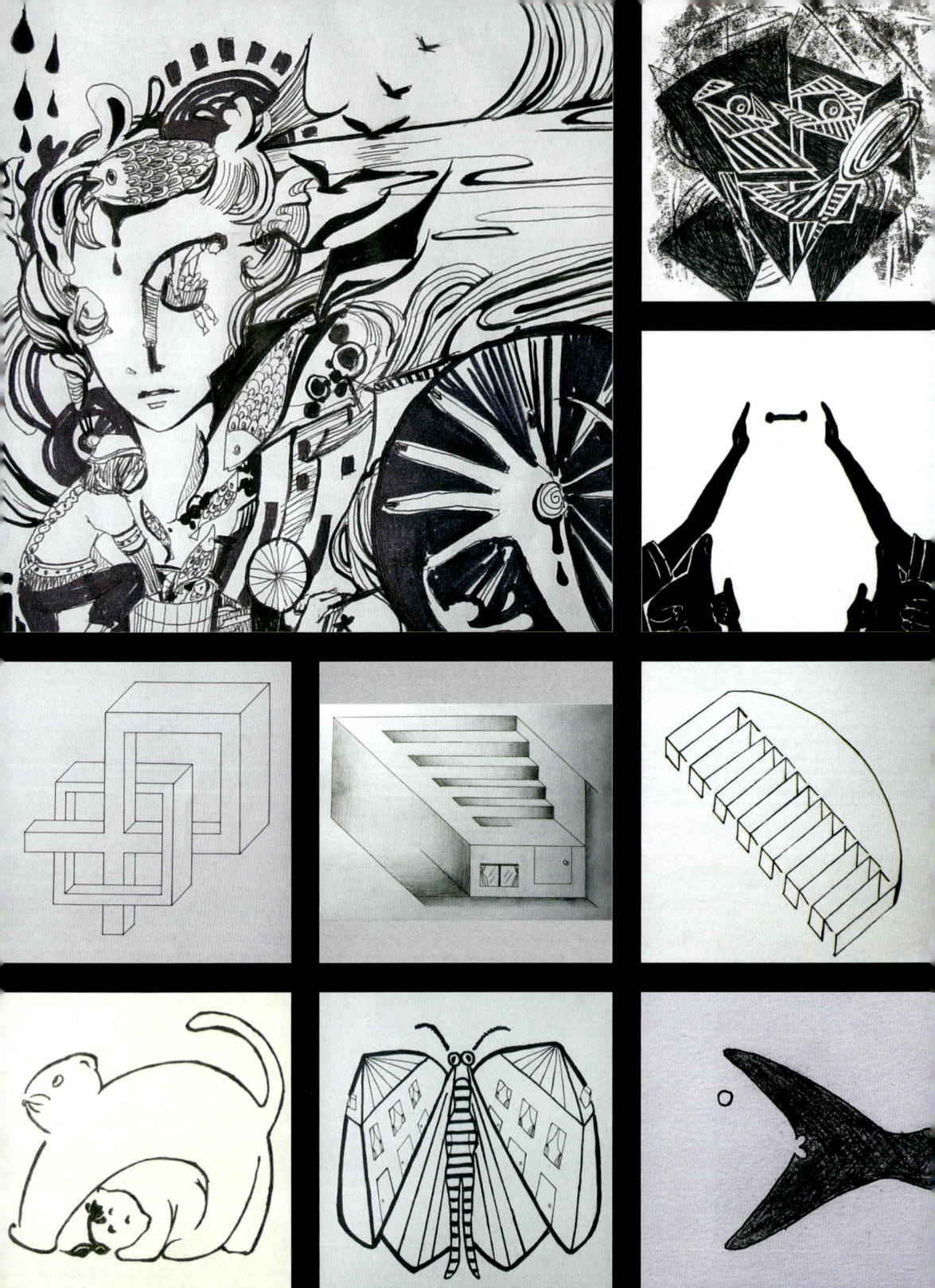

学生习作欣赏·构成的方法与效果（二）

是我的作品，取

请把你的创作作品装裱在此处

第五章 特殊材料与技法的开发

肌理的发现与创意

　　肌理是自然的或人为制造的物质材料表面的质感。我们把质地、手感、触感、织法、性质、纹理等说法都视为肌理。也可以说，它是客观自然物所具有的表面形态，是各种物体的表面性质特征。

　　肌理效果的应用在我国有着悠久的历史，新石器时代陶器的压印纹饰，汉代的画像砖，宋代的瓷器窑变所形成的"冰纹"等，都说明了人们对于不同肌理形态的认识和利用。

　　肌理的形式可分为触觉肌理和视觉肌理。能够通过实际触摸感知到的肌理叫做触觉肌理，只能看到而不能通过触感感觉出差别的肌理叫做视觉肌理。

　　制作视觉肌理的方法有：拓印法、自流法、熏炙法、绘写法、印刷法、拼贴法、擦印法、压印法、复印法、晕彩法、刀刮法和电脑处理法等。

　　在平面构成中，以观察为基础的构成，是以预想不到的各种形状的变化和复杂的组织形式构成的。发现并运用一些自然或偶然形态的局部，并把它们表现在平面作品的创作中，让人感觉到其表现肌理的触觉乐趣。这种构成方法在装潢设计、书籍装帧、室内装饰等运用中都有很好的效果。

请把你的创作作品装裱在此处

第六章 色彩构成

色彩构成

所谓色彩构成,即为遵循科学与艺术的内在逻辑而对色彩进行的富有鲜明创见性及理想化的组合过程。

色彩三要素

明度:指色彩的明暗或深浅程度,亦称"光度"。

色相:指色彩的相貌,具有彩色系颜色的首要特征。

纯度:指色彩的饱和程度,又称"彩度"。

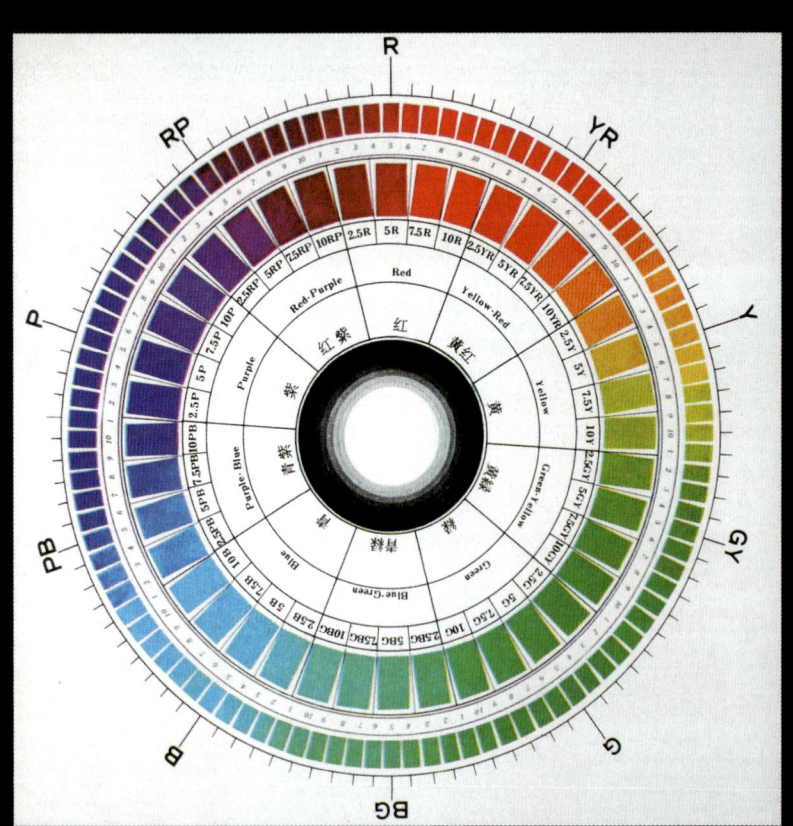

色立体

在色彩学家的心目中,理想化的色立体是一个类似地球仪的模型。其基本结构是:以连接南北两极的垂直中心轴作为明度变化的标尺,北极端是最亮的白色,南极端为最暗的黑色,中段则为由白渐次加深及黑的灰色序列。

同种色配合

  色环上用同一色相做深浅变化,这是色彩运用中最简易、最常用的方法。
  视觉效果:给人以单纯、明快的感觉。

对比色配合

三原色中任何两色调合而成的颜色和另一原色互为补色,对比非常鲜明。

视觉效果:色彩鲜艳夺目,给人鲜明、强烈的感觉。

类似色配合

色环上用邻近色做相似变化,主要是取色环上90°区域之内的颜色相配合。

视觉效果:色感和谐协调,配色较丰富。

色彩心理

　　通过色彩的记忆在人们的心灵深处留下烙印，从而产生心理的共鸣。

　　由于人们的年龄、经历、性格、情绪、民族、风俗、地区、环境、修养、宗教信仰等不同，对色彩的心理反应也有所不同。

色彩心理有以下十种感受：温度感、重量感、进退感、胀缩感、奋静感、味觉感、快慢感、软硬感、艳丽感、素雅感。

色彩联想

视觉器官在接受外部色光刺激的同时，还会唤起大脑中相关的色彩记忆痕迹，并自发地将眼前的色彩与过去的视觉经验联系到一起，经过分析、比较、想象、归纳和判断等活动，形成新的情感体验或新的思想观念。

色彩联想取决于色彩性质、主体感受和创作主题三个方面。

色彩联想主要有以下三个方面：
 (1) 色彩具象联想。
 (2) 色彩抽象联想。
 (3) 色彩共感联想。

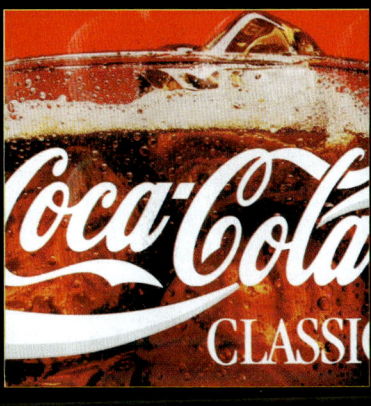

色彩象征

　　色彩象征主要指人们通过客观的色彩现象表明一种概括的、抽象的、哲理的特殊思维形式或艺术表达方法。

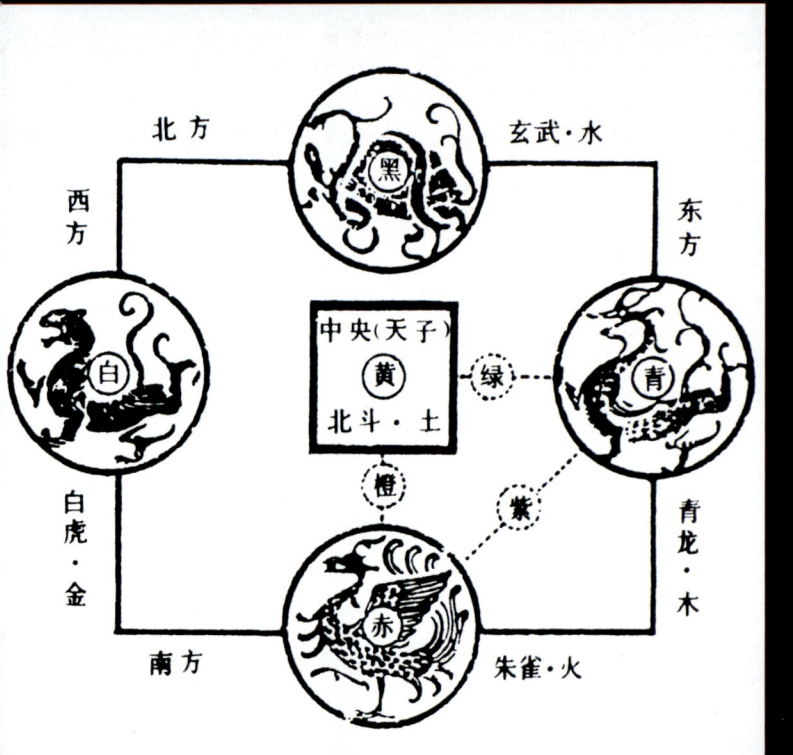

(1) 等级制度的色彩象征。
(2) 宗教信仰的色彩象征。
(3) 用色彩来表示方位。
(4) 用色彩来表示时间。
(5) 用色彩来表示职业。
(6) 色彩的政治意味。

想一想,这些作品是怎样表现色彩的?

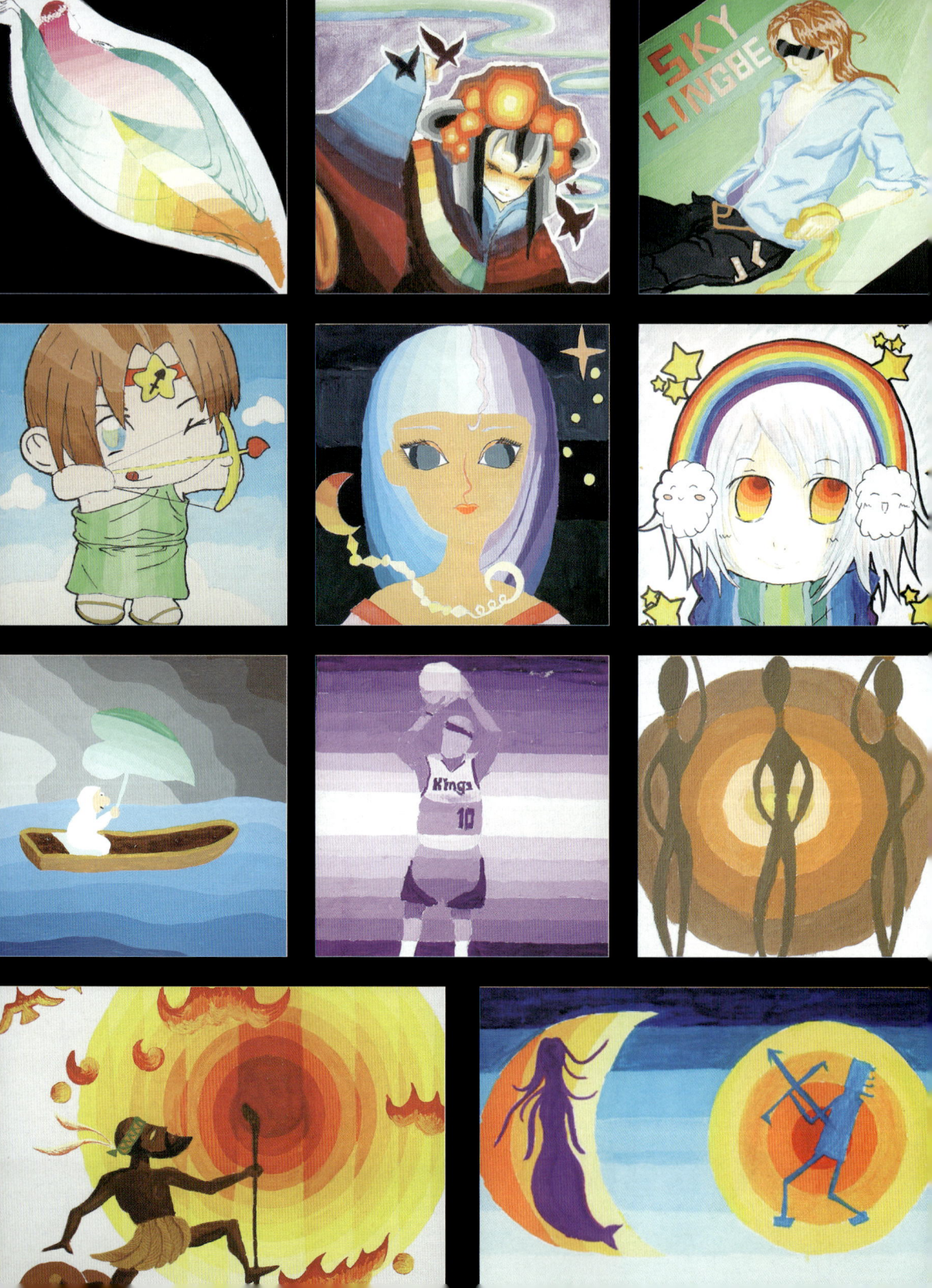

请把你的创作作品装裱在此处

创意图形的联想与想象训练

第七章

图形与创意图形

图形是人类通过视觉形象传达信息的一种特殊的语言方式。图形在人类的岩画时期就已出现，古人通过图形传达狩猎技巧、知识，沟通情感和表达意志，抽象的文字也因此而产生。

图形与创意图形区别在于"创意"二字。创意图形是图形的特例和发展，它们的不同之处在于：图形侧重识别、简洁、个性，创意图形侧重视觉冲击和引人注目。创意的内涵就是创新，它是建立在联想、想象和逆向思维基础之上的。创意往往体现出作者思维的独特性、反常规性和逆向思维的结果。它以原有的图形以及其他符号作为创意的基础，并在此基础上发散地进行联想和想象，通过变形、夸张、跨时空等手段，与其他元素组合出新的图形结构。

创意图形的目的与视觉意义

创意图形的目的是通过直观的创意图形形象，在瞬间留给人完整、深刻、强烈、生动的印象，以发人深省和传达视觉信息。它能代替烦琐、抽象的文字，给人以一目了然的视觉效果。优秀的创意图形能够传达一定的哲学思变和文化内涵。

创意图形的特点

创意图形具有简洁、明确、更形象、更直接、视觉效果更强烈、包含更多信息量等特点。

创意图形的联想基础训练

创意图形设计的重点在于创意。训练创意的根本是扩展思维方式和训练我们的逆向思维。我们从小接受的教育模式里，思维方式是逻辑式的、惯性的，考虑得最多的是因果关系。艺术不是科学，它追求的是视觉体验，它可以是滑稽的、戏谑的、跨时空的。艺术提供的模式是联想和想象，有时是发散的，有时是逆向的，有时甚至是表达对惯例的破坏。因此，我们要学会逆向思考，创造意外的视觉产物。

训练图形的创意与文字和文学性的联想创造是有区别的。图形是视觉符号对意义的传达，我们需要在创意训练的过程中从图形的造型、表意、功能、材料、肌理、结构等方面开始我们的联想和想象之旅。

抽象概念发散联想

指运用联想思维对抽象的概念内容进行推演,将抽象的概念通过思维使之形象化,并描绘出来。

文字概念是表意的和抽象的,通过联想运用图形表述概念,能产生更直观的效果,达到视觉传达的目的。

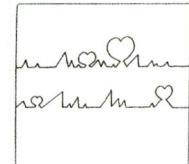  
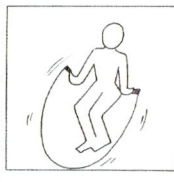  

具象元素发散联想

特定的元素符号已具有了固定的意义,这些符号在不同的场合、不同的语境下与其他符号进行配置,产生出不同的寓意和内涵,达到发人深省的目的。

单体形的渐进循环联想

指由单个形体所产生的连续的一系列的联想。有外形产生的联想，也有内涵连带产生的联想。我们需提高表现力和造型概括能力，使联想具有一定的连贯性和系统性。

特性发散创意联想

指在主体整体形象不变的情况下，对其进行局部的替换，产生主体形象多重的性格、功能、个性、特征、作用等，由此使形象具备不同意义。

渐变——变异联想

在形象与形象之间进行相关的联系渐变，将对应的一方变异成其他形象；或在同一物体中，将物体的一部分自然地渐变成另一事物。（此略，详见第24页）

创意图形的想象基础训练

所谓想象是在感性形象的基础上,用新的方法提炼组合,使这些记忆和印象重生以创造出新的形象的心理过程。想象时,对脑海中已有的表象进行新链接,对已有的联想形进行再创造,打破原有的链接方式格局,从新的角度去看待事物、开拓思路、激发创造性思维。想象是以记忆中的形象为基础的意象自由组合,是把实际上并不在一起的事物从观念上结合在一起,从而实现新形象和形象系统的创造,是不依据现成的描述而独立创造新形象的过程。这些新形象是把积累的知觉材料经过加工改造所形成的。人们可以想象出从未感知过的或实际上并不存在的事物或形象,把不相关的事物通过超时空的想象联系在一起,或把不存在、不可能、相反的东西表现出来。想象是视觉创意实践的基础之一,具有明显的跳跃性。

扭曲、打结和变形想象

扭曲、打结和变形指的是原来标准、规正的形产生了歪曲和扭动。变形在绘画当中最简单的解释就是画不准,打结指在局部进行打结,扭曲则比变形、打结变化更大。但对于艺术创作来说,变形是主观和有目的的,即创作是为了画得美,画得有节奏和有韵律,或为了产生强烈的视觉效果。

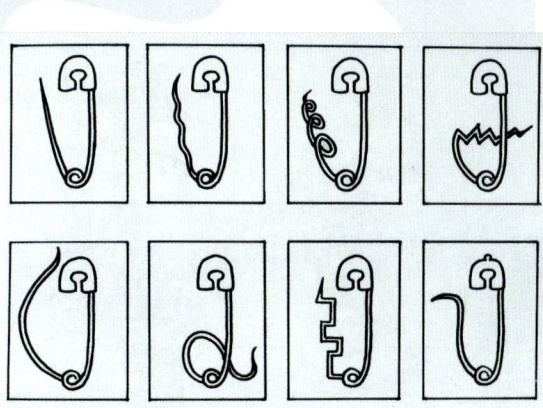

逆向思维想象

逆向思维是将事物的正常运动、个性、功能、特点想象成它的反面。将生活中的常规活动必然性的形象进行对应转化，表现成为其相反和对应的另一面。

虚拟空间想象

在通常的设计中，我们往往因为受到各种空间观念的限制，视觉形象无法展开，难以达到广告所需要的视觉冲击力。创意图形则可以不受时间、空间的限制，做出空间的转换和延伸效果。可以将一个立体空间的某一个面想象为另一个立体空间的出发点，并且不受原来空间的限制，延伸、扩展出新的空间，也可以是两个空间的错置、并置。或者由一个空间进入另一个空间，这两个空间中有一个空间是虚拟的。

参照想象

它是变异联想的跳跃和高级阶段，具有明显的夸张效果。参照想象的视觉效果很强烈，并具有一定的幽默和滑稽效应。

对生活中常见的形象进行跳跃式想象，与另一形象进行对应，并用图形表现出来。须抓住两个形象在功能、个性和造型等方面的相似之处进行对应表现。

形与影

在通常的逻辑思维中,有什么样的形,就会有什么样的影子,其形态有因果关系。而艺术往往比生活夸张并高于生活。在设计创作中,图形创意的形与影常常也要产生客观上的变化,这样才能迸发出耐人寻味的艺术效果。现实世界有时存在着表里不一的现象,现象与本质处于一种矛盾状态,利用形与影可以把正反矛盾组织在一起而产生新的意义。当影子作为语言符号来运用时,创意就会出现,画面的信息量和空间量也得到了扩展。

同构图形

解构与同构从概念上来说都是重新组织,同构是解构的发展,是将两个以上的东西进行组合。解构是把一个完整的东西分解后,再以另一种不同于原来的方式进行重组。图形的同构就是利用事物之间某种相似的关系或为达到某种特定的效果和目的,而将相似的关系或毫不相关的东西组合起来以传递信息。这种相似可以是含义上的相似,也可以是视觉形式上的相似,或者两者兼而有之。矛盾的两方面或对应相似的物体,可以是不同质感、不同元素、不同物种等,把它们重新结合在一起,形成新的统一体,突破物与物、形与形之间的对立、矛盾,使之协调、统一,创造出合理并具有一定理念意义的图形。

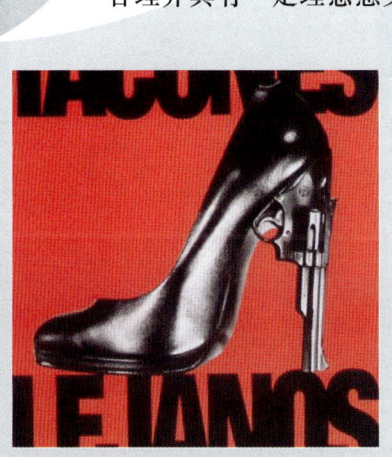

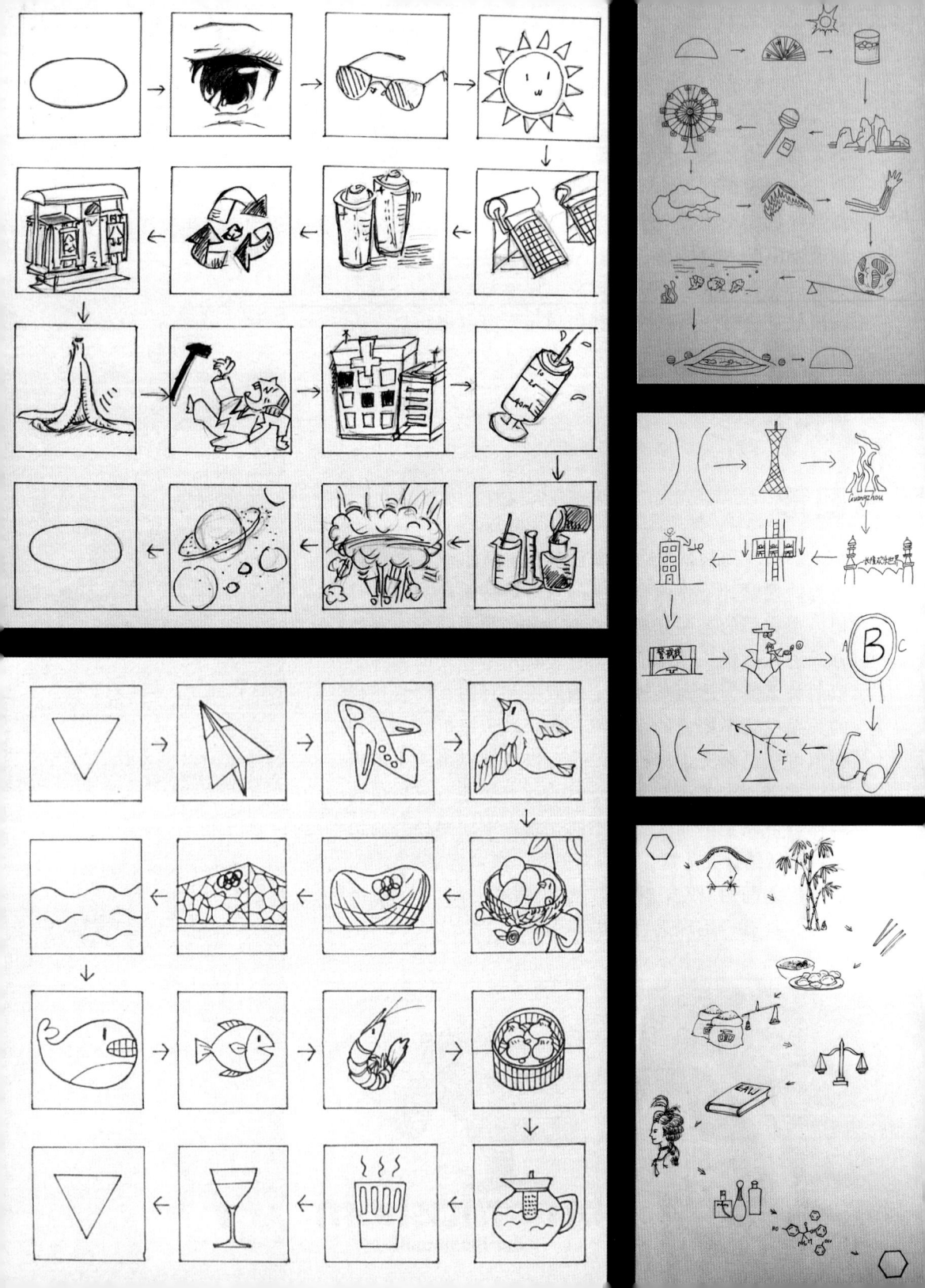

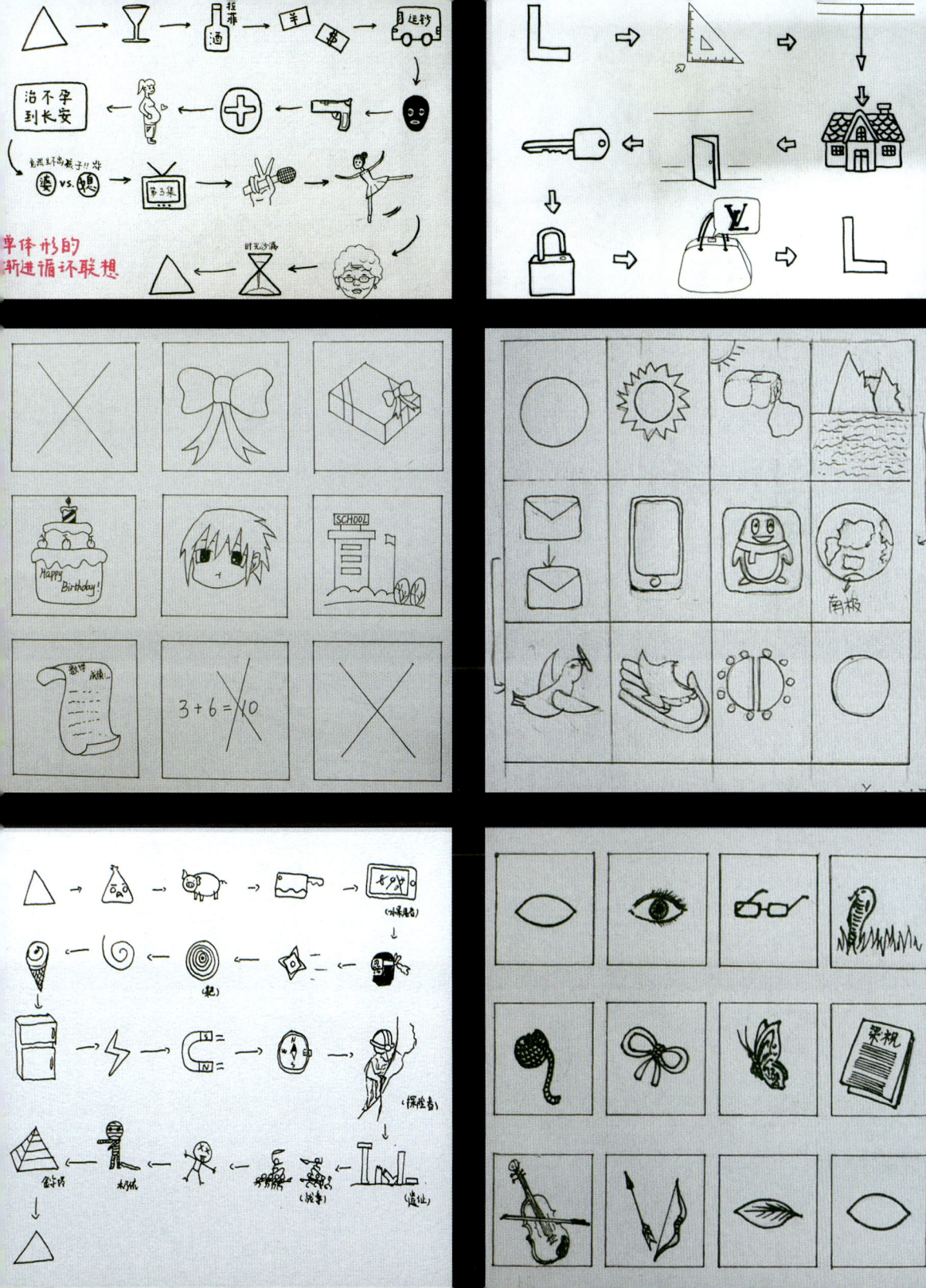

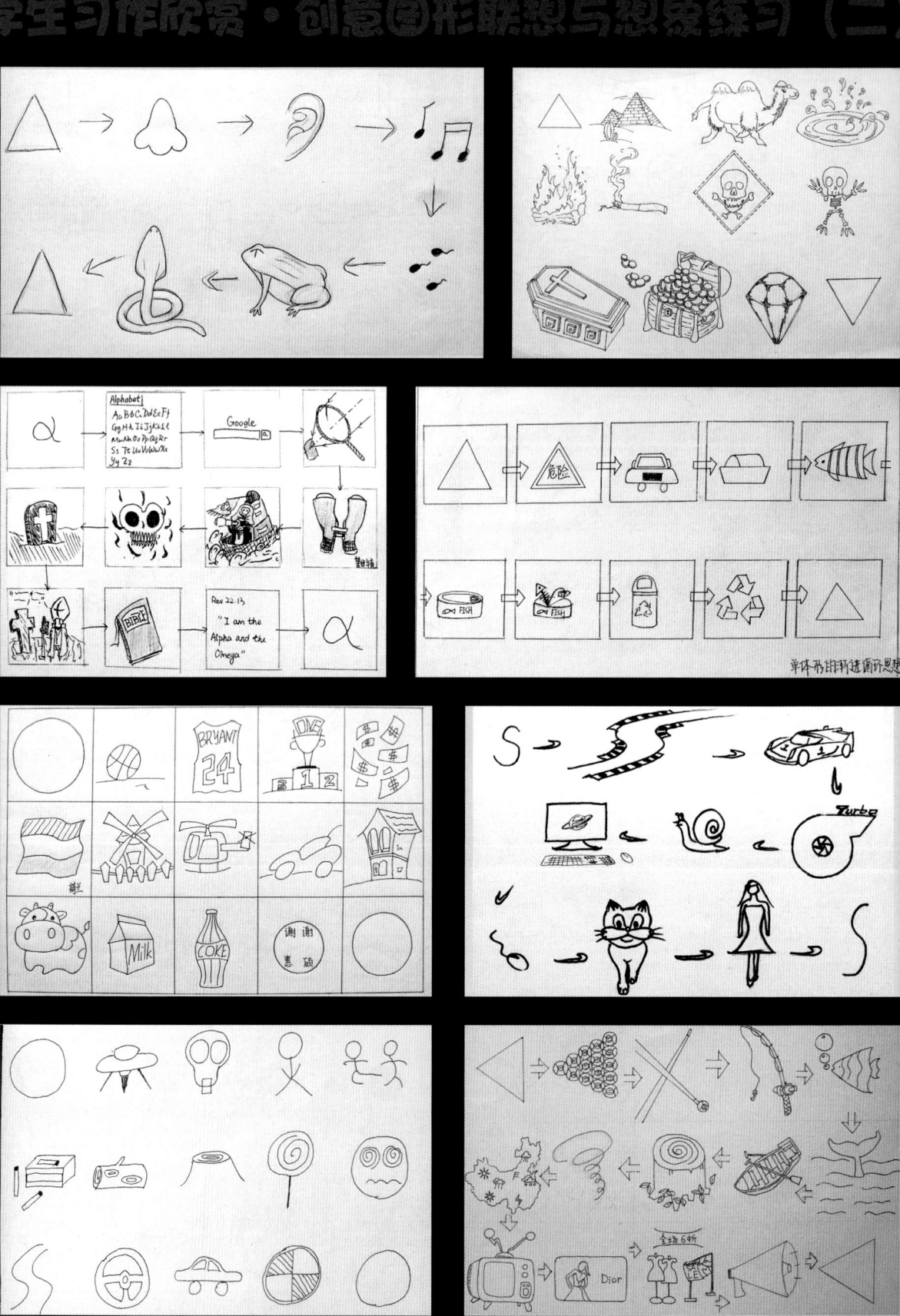

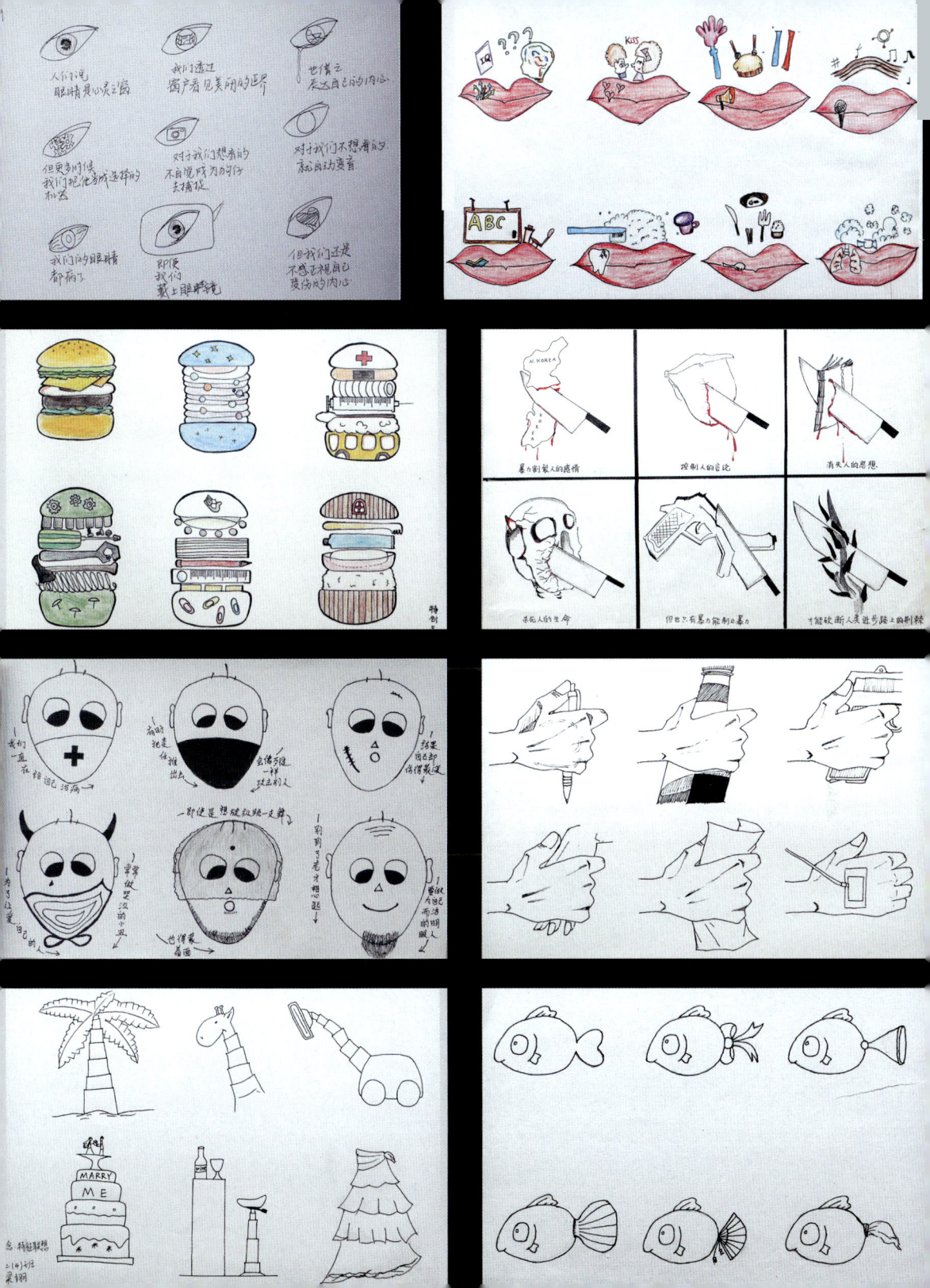

请把你的创作作品装裱在此处

基础图案设计

第八章

平面图案的分类

平面图案（图案纹样）
- 单独纹样
  - 自由纹样
  - 适形纹样 ┐ 不规则的平衡状
  - 角隅纹样 │ 规则的 ┐ 直立式
  - 边框纹样 ┘ 　　　　├ 放射式
  　　　　　　　　　　　├ 波状式
  　　　　　　　　　　　├ 旋转式
  　　　　　　　　　　　└ 对称式
- 连续纹样
  - 二方连续纹样
    - 散点式
    - 折线式
    - 直立式
    - 斜行式
    - 波状式
    - 接圆式
  - 四方连续纹样
    - 散点式
    - 连缀式
    - 重叠式

图案纹样

图案纹样，一般是指平面图案的花样，是占有两度空间（长、宽）的装饰纹样。

平面图案按表现形式可分写实的自然形纹样和抽象的几何形纹样；按图案的组织形式可分为单独纹样和连续纹样。

单独纹样

单独纹样是一种独立性强的个体装饰单位。它的外框范围和内部结构有规则和不规则两种不同的组织形式。

单独纹样按表现形式可分为自由纹样、适形纹样、角隅纹样和边框纹样四大类。自由纹样是写生变化后形成的单一、独立的图案纹样，不受外框限制；其余三种纹样形式，都受到不同条件的制约，属于有"骨骼"的单独纹样。

适形纹样（适合纹样）

适形纹样是单独纹样的一种类型，它适合组织在特定（一般情况下为几何形）的轮廓中，当外轮廓去掉时，纹样仍保留外轮廓的特点。

适形纹样的用途极广，常运用在装潢设计中的盒、罐的包装上，以及毛巾、手帕、靠垫、头巾、桌布、地毯、天花藻井等物品上。

适形纹样的构图形式可分为均齐式和均衡式两大类。

均齐式适形纹样构图有以下三种形式：
(1) 直立式。
(2) 放射式。
(3) 旋转式。

均齐式适形纹样的基本骨骼有交叉十字格、平行交叉井字格、十字与对角交叉米字格等。民间图案常用"以方为基，剖方为圆，方圆成角，分格成边"的骨骼方法。

均衡式纹样是一种不规则的自由格式，是在特定的外形中，纹样的形象虽然不对称，但份量相等。在视觉上，纹样保持一定的平衡状态，取得灵活优美的效果，具有自由活泼的特点。

均衡式适形纹样构图有以下三种形式：
(1) 自由向上式。
(2) 轮廓构图式。
(3) 组合体构图式。

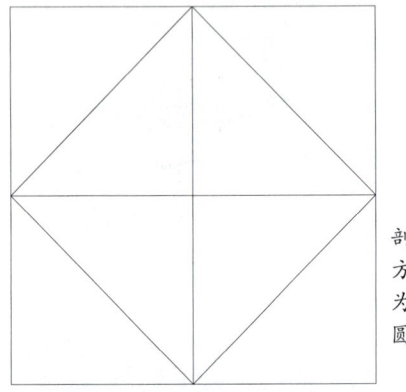
以方为基

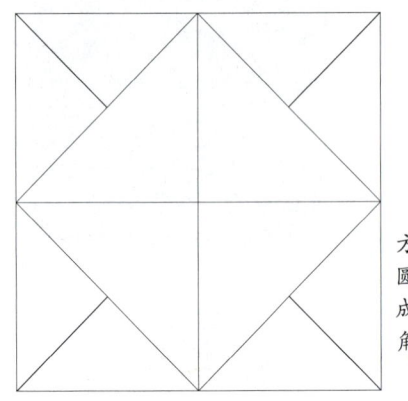
剖方为圆

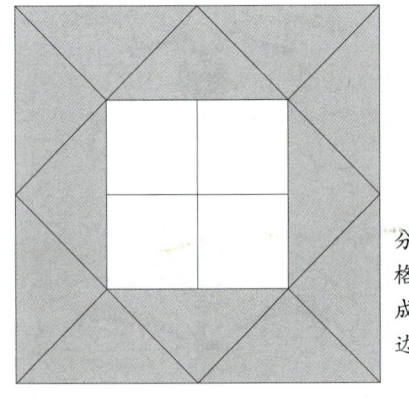
方圆成角

分格成边

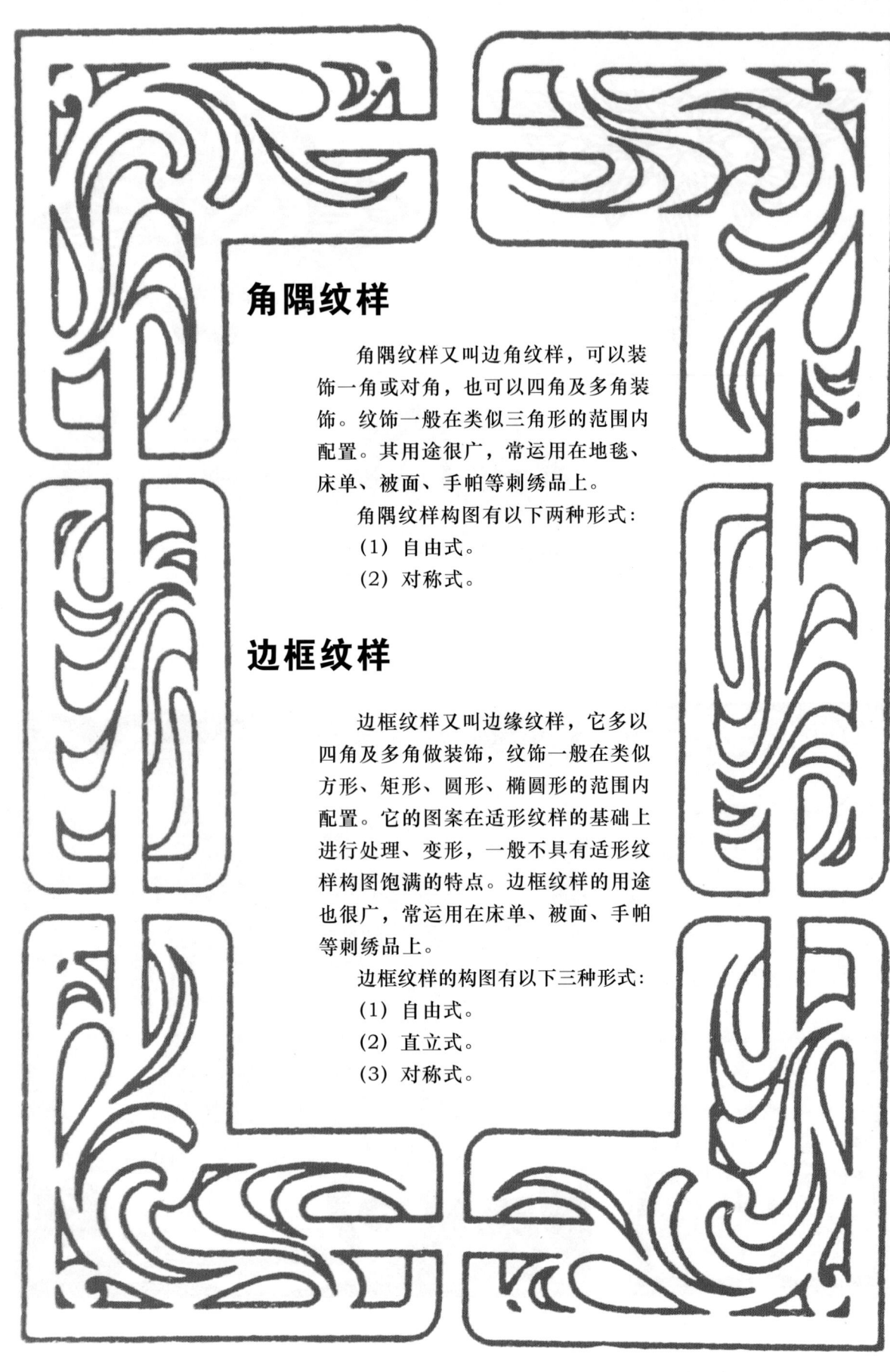

角隅纹样

角隅纹样又叫边角纹样，可以装饰一角或对角，也可以四角及多角装饰。纹饰一般在类似三角形的范围内配置。其用途很广，常运用在地毯、床单、被面、手帕等刺绣品上。

角隅纹样构图有以下两种形式：
(1) 自由式。
(2) 对称式。

边框纹样

边框纹样又叫边缘纹样，它多以四角及多角做装饰，纹饰一般在类似方形、矩形、圆形、椭圆形的范围内配置。它的图案在适形纹样的基础上进行处理、变形，一般不具有适形纹样构图饱满的特点。边框纹样的用途也很广，常运用在床单、被面、手帕等刺绣品上。

边框纹样的构图有以下三种形式：
(1) 自由式。
(2) 直立式。
(3) 对称式。

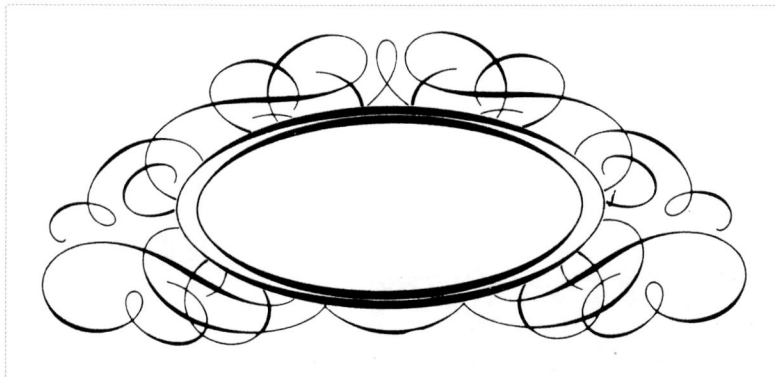

连续纹样

连续纹样是一种单元纹样反复连续的组织形式，按组织形式可分为二方连续纹样和四方连续纹样两大类。

二方连续纹样

二方连续纹样是以一个基本的单元纹样向上下或左右延伸的带状组织形式。
单元纹样向上、下延伸的为竖式二方连续纹，向左、右延伸的为横式二方连续纹样。

想一想，根据下面二方连续纹样的组织构成形式，连接对应它们的概念名称。

散点式

折线式

直立式

斜行式

波状式

接圆式

二方连续纹样旁对应的方格里的纹样都是该连续纹样的基本单位纹样吗?

四方连续纹样

四方连续纹样是以一个基本单元纹样为基础,向上、下、左、右四个方向同时进行扩展延伸的连贯组织形式。

四方连续纹样就其单元纹样的排列组织形式,分为散点式、连缀式和重叠式三大类。

散点式连续纹样有规则和不规则两种形式,其组织格式有散点平行和散点梯行两种排列方法。

连缀式连续纹样在组织排列时较散点连续所受的限制多,但可超越单元,做循环反复的变化,连缀连续纹样分方形连缀、转换连缀、菱形连缀和波状连缀。

重叠式连续纹样,是上、下两层重叠的复合纹样。上层称为"浮纹",下层称为"底纹"。通常以浮纹为主,底纹为辅,也就是以底纹来衬托浮纹,目的是强调浮纹的花色,在色彩上也有上下层的宾主从属之分,目的是取得层次分明、互增光辉的效果。

两个散点　　　　　　三个散点　　　　　　四个散点

连缀式1/2排列　　　　连缀式1/3排列　　　　连缀式1/4排列

打散构成

打散构成最初是中国图案设计的一种手法。

打散是一种分解组合的构成方法，就是把一个完整的事物分解成各个部分，然后根据一定的构成原则再对其进行重新组合。这种方法有利于抓住事物的内部结构及特征，从不同的角度去观察、解剖事物，再从一个具象的形态中提炼出抽象的成分，最后用这些抽象的成分组成一个新的形象，产生新的美感。

9

装饰色彩的表现技法

第九章

在一幅装饰色彩的画中，当造型、构图、色彩大体定下来之后，就要根据其内容、物质材料和工艺制作的特点来考虑该用什么技法把它表现出来，根据装饰色彩的特点，其表现技法大体有如下十四种。

点绘法

刷好底色之后，其装饰纹样的表现无需用过多的色彩去处理，可用一至二种颜色，以点的排列组合来描绘对象。利用点的疏密、层次就可以表现出物象的明暗、层次、宾主等关系。点的绘制可用毛笔，大面积的点也可用海绵，绘制后需再用毛笔仔细描绘一遍，使点绘效果更均匀。点的形状很多，有圆点、方点、三角点、菱形点、椭圆点，一般多用圆点和方点。分为有规则点法和不规则点法两类，有规则的点具有统一的美，不规则的点具有变化的美，但均要有一定的循序，避免杂乱无章，点的多少可根据画面的需要而定，表现出物象的体积感觉，以达到变化、丰富、生动的目的，取得较好的艺术效果。

退晕法

退晕法是指色彩逐渐变化交接，即是用同一色相，用不同的深浅，有层次地由里到外，由外及里地层层平涂，且色与色之间有界线。各晕带可以是等距离的，也可以是逐渐加宽或减窄的，是以色阶规律的变化产生一定的色彩节奏，使作品色彩富丽、更具有装饰性。

晕染法

晕染法有多种说法，如退晕、渲染等。含意相同，这是一种没有任何明显的分界与层次的自然过渡方法。在晕染时，有用水晕染，有用加白粉调色晕染，有一色晕染和多色晕染，主要靠色彩的深浅、浓淡的变化，表现出对象的结构，增强其物象的立体感。退晕有明显的色阶，晕染没有明显的色阶。晕染时可以采用笔、刷、喷笔等工具，进行艺术处理。

线描法

画面着色之后,物体与物体之间的色彩可用色线描法进行处理,用线来描绘形象结构,分割块面,丰富形象层次。线描法可分为如下四种:

均匀统一:这种色线的运用要求工整,以柔和优美的曲线或刚劲挺拔的直线为主,无顿挫,要求色线的粗细一样,有一定的装饰效果,体现出一种庄重悦目的韵律美感。

粗细变化:为使画面富有动感,可以运用由粗至细均匀过渡的色线,令画面的装饰趣味更浓,色线粗细渐变,活跃生动,富有变化,有一种特殊的美感。

内圆外方:按照物体的结构规律,用色线勾画出轮廓,在线的外形以直线加粗,舍去烦琐的弯曲、杂乱的细节,形成内圆外方的感觉。这种方法可使画面稳定,展现方中有圆,圆中见方这种优美的色彩效果。

抖动变化:靠用笔时手的抖动,使色线产生一定的装饰虚线,在画面中加用抖动的色线,可使纹样浑厚,层次丰富,生动活泼,有起伏之感。画这种线时要注意掌握一定的技巧,要有节奏并且注意画面统一。

平涂法

平涂法是物体与物体结构之间不加任何色线,靠色彩的冷暖对比等手法,表现出物体的各个部位。平涂以色块的大小对比、明暗对比,取得一定的装饰效果。色彩平涂具有厚重、大方的特点。

撇丝法

撇丝法是不用色彩的块面来表现物体,而是用有一定规律的线条排列来表现明暗层次。这种撇丝手法在花布、床单等染织图案中是较为常见的,特别是用来表现花草植物的立体感时效果更佳。这种方法在作画时不可潦草,要按对象的生长结构用笔,如果一次用色表现得不够立体,可以再用深一些的颜色做局部重叠,以达到把纹样的立体感充分表现出来的目的。

底纹法

底纹法，是在已完成的色彩装饰纹样的底色上加画底纹，以进一步衬托主题画面，底纹可分为自然纹样和几何纹样，用色要根据底色及纹样的色相偏暗或偏亮、偏暖或偏冷而定，不宜反差过大，以免影响主题的表现，也可以先绘制底纹，再加主题纹饰，这种方法能够起到丰富画面的作用。

块面法

块面法是根据物体的结构，将色块分出一定的明暗关系，是表现立体效果的方法之一。这种方法多用于大面积的装饰色彩中。设计时，首先分出明暗层次，用色一般在三至四个层次即可，有套色版画的效果。可利用同类色、对比色、近似色对自然物象进行形的归纳、体的归纳、结构的归纳、色彩的归纳，对丰富繁杂的自然景物进行有代表性的选择，力求概括、简化、单纯，是立体感较强的装饰效果。

错位法

错位法能更明确地表现和夸张形体的特征，采用物体构图之间、色彩之间的相互错位，物体相压叠透和错位叠透的色彩部分，形成另一种色相，这种表现形式使色块简洁鲜艳、夸张性强、效果突出、新颖生动，具有强烈的装饰趣味。

蜡绘法

蜡绘法是根据装饰色彩的需要，用蜡笔或油画棒在画纸上设计一定的纹样。蜡笔可有粗有细，然后用颜色填涂画面。纹样因为是用蜡所绘制，具有抗水的效果，当颜料涂上之后，纹样便清晰地显示出来，产生别具一格的艺术效果。

单色法

单色法即用一种色彩绘制的纹样。在包装装潢、商标标志和蓝印花布中多有用之，中国的民间剪纸，就是运用单色法的手法，黑白装饰画的影绘法实际上也是运用单色法，这种方法色彩简单、明快，靠单色来表现物体结构的大小、色线的疏密、体积和层次等。

拼贴法

拼贴法是用各种现成的材料，如色纸、零碎布片、树叶等剪裁拼贴成各种图案，利用材料的质地、肌理、色彩和花纹的不同，使拼贴后的画面产生丰富多彩的装饰效果。

布贴法追求写意性的表现技法，不求完全形似，强调构思的借用，远看色彩，近看肌理，造型自然而不刻板。

纸贴法也是常见的装饰手法，各种彩纸同样具备色彩质地的差异，拼贴时取其局部的大效果，让色彩纹样达到创作意图和需要，形成一定的色彩对比效果。

喷色法

喷色法是用特制的工具喷出极细小的点子，这种方法在许多工艺美术设计制作中，被广泛运用。

喷绘之前，图案要用纸版雕空，以喷笔在纸版雕空处喷绘，如果喷多种颜色，则需分版。也可以把画面不需要的部分用纸盖起来，要掌握好画面的深浅浓淡关系。喷笔离画面近，所喷色彩就重，距离画面远，色彩就浅淡，因此认真掌握正确的喷绘手法，才能表现出理想的画面效果。

综合法

综合法是综合以上各种表现技法的方法，可以单独使用，也可以结合运用。在创作实践中，根据需要而采用多种技法，以表现不同的物象，产生不同的艺术效果。

夜

雪夜

麦田

星月夜

夕阳

悬崖峭壁

小树林

梦幻树

流水

等待

太阳落下的时候你在哪里

海

京剧人物

不老

女人

藏语

她在丛中笑

婴

光头大叔

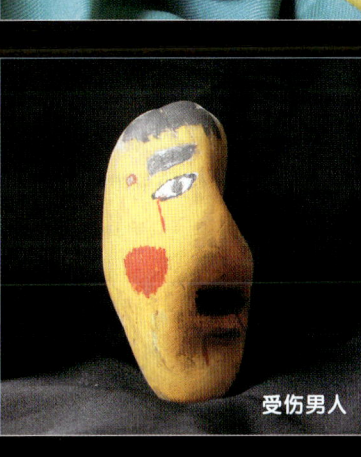
受伤男人

读书的女孩

花海

向日·葵

向日葵

学生习作欣赏·石头画（二）

雀巢

小麻雀

企鹅

猫头鹰

兔子

小鸟

聒噪的青蛙

顽皮猴

这货不是招财猫

一对小鱼儿

植物大战僵尸系列

小丑鱼

蝶

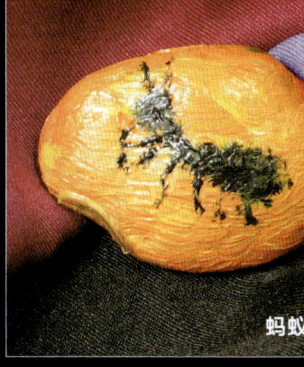
蚂蚁琥珀

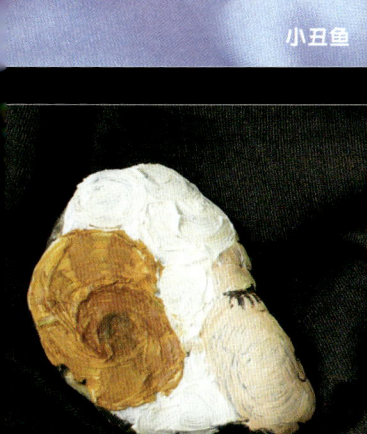
绵~羊

小黑羊

沉默的羔羊

鹦鹉

绵羊

小绵羊

子弹车头

跑鞋

小黄人

请把你的创作作品装裱在此处